关键四年：

大学生校园参与、发展与满意度

Four Critical Years:

College Students' Engagement , Development, and Satisfaction

李湘萍 著

中国人民大学出版社
·北京·

图书在版编目（CIP）数据

关键四年：大学生校园参与、发展与满意度 / 李湘萍著. —北京：中国人民大学出版社，2018.1
ISBN 978 - 7 - 300 - 25444 - 9

Ⅰ. ① 关… Ⅱ. ① 李… Ⅲ. ① 大学生 — 学生生活 Ⅳ. ① G645.5

中国版本图书馆CIP数据核字（2018）第 011374 号

关键四年：大学生校园参与、发展与满意度
李湘萍　著
Guanjian Si Nian: Daxuesheng Xiaoyuan Canyu，Fazhan Yu Manyidu

出版发行	中国人民大学出版社		
社　址	北京中关村大街 31 号	邮政编码	100080
电　话	010 - 62511242（总编室）		010 - 62511770（质管部）
	010 - 82501766（邮购部）		010 - 62514148（门市部）
	010 - 62515195（发行公司）		010 - 62515275（盗版举报）
网　址	http://www.crup.com.cn		
	http://www.ttrnet.com（人大教研网）		
经　销	新华书店		
印　刷	北京东君印刷有限公司		
规　格	168 mm × 239 mm　16 开本	版　次	2018 年 1 月第 1 版
印　张	11　插页1	印　次	2018 年 1 月第 1 次印刷
字　数	150 000	定　价	45.00 元

目录

CONTENTS

绪论

大学四年是人一生中一段非常宝贵的生活阅历和成长经历，也往往是个体发现自我、发现生命本质的过程，可谓人生中的“关键四年”。在18—22岁这段激情燃烧的岁月中，大学生是如何度过四年校园生活的？他们在课堂内外参与了哪些活动，拥有哪些收获？大学校园生活对他们的发展产生了怎样的影响？什么样的大学经历才是富有价值和意义的？在我国高等教育规模扩张、大学生群体日益多元化以及高校人才培养质量亟待提升的宏观背景下，对上述问题的思考与研究显得尤为重要和紧迫。

本书在回顾大学生发展理论及学生学习发展评估方法的基础上，运用案例高校的微观调查数据，对当代大学生的校园参与、发展与满意度进行了深入系统的实证研究。实证研究主要围绕以下问题展开：大学生校园参与行为及其影响因素，大学生校园参与行为与其个体发展之间的关联性，大学生发展水平及其满意度的现状、差异及影响因素。本书中的校园参与横跨课堂内外，既包括学术性参与，如科研参与，也包括非学术性参与，如志愿活动参与；而学生发展则涵盖个体认知发展及社会性发展，特别是学生的道德发展和精神性发展；至于满意度，则主要聚焦于学生校园住宿环境满意度。

全书共分七章：第一章总体概述了美国大学生发展理论及其流派，呈现了本书实证研究所依托的理论基础，同时，对国内外大学生参与、学生发展的相关测量工具及实证研究结果做了简要的述评，为本书实证研究视角与对象的选取、测量工具的编制提供了有价值的参考。第二章从实证研究方法与工具的角度，简要梳理了增值评价法在大学生学习与发展评估中的应用现状及难点，指出在大学生参与及发展领域的研究中，构建本土化理论与评估工具、完善数据库与统计方法的重要性，为本研究以及未来相关研究指引了前进的方向。在上述两章理论与方法的回顾及准备基础上，第三章到第六章按照特定主题对大学生校园参与、发展与满意度进行了一系列深入系统的实证研究。每章均遵循以下写作逻辑：（1）提出现实问题；（2）回顾相关理论与已有研究；（3）进行研究设计（构建分析框架、提炼研究假设、编制测量工具、确定数据来源及分析方法）；（4）分析研究结果；（5）归纳研究结论并提出政策建议。具体而言，第三章聚焦大学生校园学术性参与的重要形式——科研参与，在回顾本科生科研参与相关实证研究的基础上，利用一所案例高校的学风调查数据，对本科生科研参与行为及其影响因素、本科生科研参与行为与其个体发展之间的关系进行深入的实证研究。第四章关注大学生校园参与特别是校外社会性参与的重要形式——志愿活动参与，在回顾个体道德发展理论以及大学生志愿活动参与相关研究基础上，利用案例高校学生调查数据，对大学生志愿活动参与行为及其影响因素、大学生志愿活动参与行为与其道德发展之间的关系进行了深入的实证研究。第五章探究大学生全人发展的重要组成部分——精神性发展，在回顾大学生精神性相关理论和实证研究的基础上，利用四所案例高校的学生调查数据，对大学生精神性发展水平的现状、差异及影响因素进行了深入的实证研究。第六章从住宿环境评估的角度探讨大学生校园生活的满意度，在回顾国外大学生住宿管理相关研究的基础上，利用案例高校学生调查数据，对大学生校园住宿环境满意度的现状、差异及影响因素进行了深入的实证研究。第七章在全书实证分析结果的基础上，提炼出主要的研究结论，并提出有针对性的政策建议；同时，反思本研究的局限，展望未来研究方向。

相较于国内已有相关研究，本研究具有以下特点。

首先，研究问题真实、具体、迫切，既贴近当前大学生群体的校园参与实际，又集中体现了大学生在个体发展上共有的迷茫与困境。国内已有相关研究通常将“学生参与”界定为一个包括各种形式的课内外活动参与的综合概念，将“学生发展”笼统地定义成一个包含学生各方面发展的模糊概念。

读者常感到“见林不见木”，因为无法深入了解大学生参与某一类具体而重要的活动信息，也无法了解学生在特定情境中参与特定活动对个体哪些方面的发展会产生影响。而实际上，大学生参与不同的校园活动，尤其是学术性和社会性两大类活动，对自身发展的影响是不同的。鉴于此，在本书第三章至第六章的系列实证研究中，“学生参与”不再是一个综合性概念，而是对其进行细分，深入、具体地考察如科研参与、志愿活动参与等核心的校园参与形式对个人发展的影响。“学生发展”也不再是一个模糊性概念，而是涵盖个体的认知发展及社会性发展，尤其关注到学生个体发展中面临的突出问题，如道德发展和精神性发展等方面的问题。“满意度”也不再是整体的就读满意度，而是选择具有重要育人功能的住宿管理，从住宿环境评估的角度，折射出大学生校园生活的满意度。本书的研究选题不仅真实、具体，而且紧扣当前高校人才培养中的重点与难点，反映了大学生群体自我发展中的重要困惑。例如，第三章的选题是大学生科研参与与学生发展。当前我国高校人才培养中的一个突出问题是大学生的创新精神和实践能力双重不足，究其主要原因还是学生的学习兴趣和动力不足，传统的课程学习无法充分调动学生的学习热情。而科研参与作为一种统合式的高级学习形式，是大学校园生活中的核心学术参与，它可以激发学生的学习潜能，增强其学习兴趣。在科研探究过程中，学生的整体认知水平和社会性能力得到逐步提高。第四章的选题是志愿活动参与与学生道德发展。受到转型社会价值冲突的影响，当前我国大学生群体不同程度地表现出道德迷茫的困惑。作为一种重要的社会性参与，志愿活动参与对大学生道德水平的发展有着不可替代的促进作用。在参与志愿服务活动的过程中，大学生的价值观、道德责任感以及判断力得以提升。第五章的选题是大学生的精神性发展。社会转型加上扩招后高校学生日益多元化，导致当前大学生群体在精神性发展水平上参差不齐，部分学生甚至陷入“空心化”的精神空虚与迷茫困境。大学四年是培养学生精神性的黄金时期，研究大学生精神性发展水平及其影响因素，可以帮助高等教育工作者更好地履行育人职责，在关注学生学业、就业的同时，更要使学生成为精神富足的完整的人。

其次，理论运用的适切性、系统性与整合性。本书实证研究主要依托美国大学生发展理论集群中的学生参与理论，该理论认为大学生在有意义的活动中投入的时间和精力越多，他们从大学生活中所获得的发展也就越多。之所以选择学生参与理论，是因为当前我国高等教育系统与大学生参与理论诞生之时的美国高等教育系统有着相似的环境背景：高等教育规模经历快速扩张之后，人才培养质量提升的诉求日益强烈，以促进学生发展为目标、关注学生课内外活动参与的过程性评估受到前所未有的重视。相近的高等教育背景使得学生参与理论在中国运用的适切性与解释力得以提高。本书第三章至第六章虽然选题各异，但学生参与理论的运用则自始至终一以贯之，选取大学生校园参与、发展与满意度的核心方面，从不同维度深入、系统地验证与完善学生参与理论。除了学生参与理论，个体道德发展理论以及精神性发展理论在本书实证研究中也有所涉及。这反映了本研究既关注学生参与的过程，也关注学生发展的结果，特别是一些重要方面的发展结果。相较于国内已有相关研究，本研究对大学生发展理论的运用更加适切、系统与整合。一方面，这能够为验证与完善西方大学生发展理论提供来自中国高等教育情境下的实证依据；另一方面，能够为构建本土化大学生发展理论提供实证研究基础，可以想见，未来通过不同地区、不同层级和不同类别高校的大学生发展微观调查研究，特别是追踪调查研究的积累，逐步“拼地图”，能够描绘和解释当代中国大学生群体发展规律及特点的中国大学生发展理论体系将会产生。

最后，在研究方法上注重测量工具编制的严谨性、样本选取的微观性、数据分析方法的多元性。在测量工具的编制上，本研究在广泛参考国内外相关调查工具和研究成果的基础上，自编了三份调查问卷：本科生学风评估调查问卷、本科生志愿活动参与及道德发展调查问卷、本科新生学习适应及发展调查问卷。每份问卷的编制均严格遵循以下步骤：（1）对国内外相关领域的理论、测量工具及实证研究结果进行梳理，将其作为问卷编制的基础参考；（2）结合研究目的及案例高校的具体校情，确定问卷的基本结构、主要维度、相应指标及具体题项，制定出预调查问卷；（3）在预调查数据的基础上，依据问卷项目分析、信效度分析以及预调查中发现的问题，删除或修改表述不清、不能理解及不必要的题目，最后形成问卷定稿。在样本的选取上，国内已有相关研究大多采用大样本调查数据，侧重探讨不同类型院校之间学生参与及其对个人发展影响的差异，即关注院校类型层次对学生参与及其效果的影响。而国内外已有研究表明，大学生四年中所获得的各方面发展在院校内的差异大于院校间的差异，即组内差异大于组间差异。因此，本研究主要选取北京、上海两地的少数几所案例高校，对大学生的校园参与、发展与满意度进行全面而深入的微观调查，控制学生发展在院校间的差异，突出院校内差异，从而弥补大样本调查数据的不足，这样能较为准确、客观地反映学生参与与其个体发展之间的真实关系。在数据分析方法上，采用传统统计、计量回归以及结构方程模型相结合的方法。其中，统计分析包括统计描述、均值比较、方差分析、相关分析以及探索性因素分析。计量回归分析主要包括多元线性回归分析以及逻辑斯特回归分析。结构方程模型的运用，一方面利用验证性因素分析来验证调查问卷的结构效度，另一方面利用路径分析，探讨学生参与、满意度与发展之间的直接、间接和总的影响关系，以及这种影响关系在不同学生群体之间是否存在显著差异。

本书对高校学生和教师、高等教育管理者与研究人员、高校学生工作者等均具有一定的参考价值和借鉴意义。

第一章

大学生参与及发展

理论解释与研究述评

>> 伴随着高等教育规模扩张，高校人才培养质量逐步下滑，公众对高校信任危机不断加深，高等教育问责与质量评估呼之欲出。半个世纪以来，世界各国高等教育发展进程中屡次呈现这一规律性特点。我国也不例外，近十多年来，在社会公众热议高校扩招话题的同时，不断有学者思考：短时间内高等教育大规模的扩张究竟会对人才培养产生怎样的影响？作为高等教育的联合生产者、直接受益人，日益多元化的大学生群体是如何度过大学四年的？四年的求学经历中，他们能否有所收获？如果有，究竟在哪些方面有了何种程度的收获？这些收获具体是如何发生的？在高等教育进入后大众化时代的今天，什么样的大学经历才是富有价值和意义的？国内外学者对这些问题进行了哪些理论探索与实证研究？本章首先概述了美国心理学视域下的大学生发展理论体系及其主要流派，呈现了本书实证研究所依托的主要理论基础，即学生参与理论。同时，对国内外大学生参与、发展的相关测量工具及实证研究结果做了简要的述评，为本书实证研究视角与对象的选取、测量工具的编制提供了有价值的参考。

一、学生发展及学生参与：心理学解释

纵览美国大学生发展理论简史，虽历经百余年，但真正形成科学、成熟的理论体系，还是在1960年代以后。美国社会及大学校园1960年代所经历的急剧变化，为各领域学者们关注并研究大学生群体提供了历史“际遇”。其中，心理学家们的研究最为集中、深入和系统，逐渐形成心理学视域下的大学生发展理论体系。这一理论体系本质上是人的发展理论在高等教育情境下的运用，其基本目标是解释大学生在四年的学习生活中，怎样发展成为了解自我、他人及世界的成熟个体。在大学生发展理论集群中，最具代表性的流派包括个体与环境互动理论、认知结构理论、社会心理与认同发展理论、类型理论以及整合型理论等[①]。这些理论分别论及了大学生在四年的学习生活中，个体与校园环境的关系，个体所经历的认知、情感、能力与认同等方面的发展，学生群体间的人格类型差异，大学在学生发展过程中的介入作用等问题。大学生发展理论对学生发展过程、结果及其影响因素进行了深入探讨，它成为半个世纪以来美国高校学生事务管理的理论基础及行业存在的合法性基础。

在上述具有代表性的大学生发展理论流派中，个体与环境互动论是基础性理论，为其他流派的学生发展理论研究奠定了基础。该理论强调学生个体与大学环境的相互作用，重点解释大学校园环境如何影响学

① EVANS N J, FORNEY D S, GUIDO F M, et al. Student development in college: theory, research, and practice [M]. San Francisco: Jossey-Bass, 1998.

生各方面的发展[①]。个体与环境互动论最重要的代表人物是美国高等教育研究领域的知名学者、教育心理学家亚历山大·阿斯汀（Alexander W. Astin）。他在数十年大规模追踪调查及对动态数据的持续研究基础上，于1970年代末、80年代初提出了著名的学生参与理论（student involvement theory）[②]。作为个体与环境类理论中最具有影响力的理论，学生参与理论认为，大学生在有意义的活动中投入的时间和精力越多[③]，他们从大学经历中所得到的收获就越大。阿斯汀认为学生参与的形式丰富多样，既包括学术参与，也包括课外活动参与以及人际互动。同样，学生发展的内涵也十分广泛，既包括认知发展，也包括道德情感以及能力、人格的发展。学生参与理论自创立以来，引发了后续海量研究和讨论，其原因在于它所蕴含的独特性和重要性。相较于其他的学生发展理论，学生参与理论更为关注学生发展的过程而非结果，视学生投入的时间、精力为大学重要的财富和资源。因此，学生参与理论认为，能否提高学生在有意义活动中的参与程度，才是评估高等教育政策或实践的最重要指标，为学生提供富有成效的、有意义的学习环境才是每一个高校教育工作者的最重要使命。学生参与理论中所包含的“参与”“过程”“全人发展”等思想内核已对美国乃至全球高等教育质量评估和政策制定产生革命性的深远影响[④]。

① 克里斯汀·仁. 学生发展理论在学生事务管理中的应用 [J]. 李康，译. 高等教育研究，2008，(3)：19-27.

② ASTIN A W. Four critical years:effects of college on beliefs,attitudes and knowledge [M]. San Francisco:Jossey-Bass,1977;ASTIN A W. Student involvement:a developmental theory for higher education [J]. Journal of College Student Personnel,1984,25:297-308.

③ 受罗伯特·佩斯（C. Robert Pace）“努力质量”（quality of effort）模型的启发，阿斯汀的学生参与理论不仅关注学生在有意义活动中投入的时间、精力数量，更加强调投入的质量。此后，乔治·库（George D. Kuh）进一步拓展了“学生参与”的内涵。他认为，学生参与不仅指学生的投入，也包括大学为促进学生参与所提供的各种服务和支持，学生的投入和学校的环境支持相辅相成，均属“学生参与”的概念范畴。

④ 李湘萍，马娜，梁显平. 美国大学生学习评估工具分析和比较 [J]. 现代大学教育，2012(1)：30-35.

本书第三章至第六章的实证研究虽然选题各异，但学生参与理论的运用则自始至终一以贯之[①]，分别选取大学生校园参与、发展与满意度的核心方面，从不同维度深入、系统地验证与完善学生参与理论。本书第四章及第五章专门讨论了当前大学生发展中面临的突出问题，如道德发展和精神性发展方面的问题。因此，除了学生参与理论，认知结构理论中的个体道德发展理论、整合型理论中的个体精神性发展理论在本研究中也有所涉及。

二、学生参与及学生发展：研究述评

如前文所述，国外尤其是美国学界对大学生群体的深入、系统研究始于1960年代。各领域学者，尤其是心理学家持续关注、深入研究大学生群体，进而形成大学生发展理论集群。半个世纪以来，由大学生发展理论生发了关于学生参与、学生发展的测量工具及后续海量实证研究。其中，欧内斯特 · 帕斯卡瑞拉（Ernest Pascarella）和帕特里克 · 特伦兹尼（Patrick Terenzini）进行了宏大的综述性研究。两位学者对美国1967—2003年间发表的5000余篇相关文献进行综述后发现，大学生参与丰富多彩的课内外活动，对其自身发展有积极影响，但这种积极影响是有条件的，并且存在适度区间。即大学生参与课内外活动在不同情况下将对学生认知及社会性发展产生不同影响。正如特伦兹尼所言“多重影响，存在于多重情境，影响着多重结果”（Multiple influences, operating in Multiple settings, affecting Multiple outcomes）[②]。

① 学生参与理论渗透到了本书实证研究分析框架的构建、问卷的编制以及研究假设的提出中。

② PASCARELLA E T, TERENZINI P T. How college affects students: Volume 2 [M]. San Francisco: Jossey-Bass, 2005.

从测量工具来看，在美国高教评估界，对学生参与及发展的测量主要包括标准化测试和自陈式量表两种途径，这两种途径可以说各有千秋。标准化测试力求直接、客观、标准化地测量出大学生的核心认知能力。代表性的测试包括“ETS学术熟练程度测评”（ETS Proficiency Profile，简称EPP）、“大学学习评估”（The Collegiate Learning Assessment，简称CLA）、“大学生学术熟练程度评估”（Collegiate Assessment of Academic Proficiency，简称CAAP）、“大学生学术熟练度与进步测量”（Measure of Academic Proficiency and Progress，简称MAPP）、“基础学科测试”（Basic Academic Subjects Examination，简称BASE）等。相较于标准化测试，自陈式量表更为间接，主要通过自我报告型问卷调查，由学生自陈课内外学习、活动的参与情况，以及自我感受到的个体发展和收获情况。代表性的量表包括“CIRP新生调查”（CIRP Freshman Survey，简称CIRP-FS）、“CIRP大四学生调查”（CIRP College Senior Survey，简称CIRP-CSS）、“大学生就读经验调查”（The College Student Experiences Questionnaire，简称CSEQ）、“全美大学生参与度调查”（National Survey of Student Engagement，简称NSSE）、“加州大学本科生就读经验调查”（University of California Undergraduate Experience Survey，简称UCUES）等。从具体研究主题来看，纵观美国这一领域的实证研究，可以发现，围绕“学生参与”，研究者们主要关注学生参与的影响因素、学生参与对其自身发展的影响。围绕“学生发展”，研究者们主要关注学生发展的过程、结果及其影响因素。多数研究认为，院校组织特征、学生个人及家庭背景特征、学生课内外活动的参与、学生在校园中的人际互动是学生发展最重要的影响因素。近年来，美国大学生发展理论及其生发的测量工具和系列实证研究，对包括中国在内的多国同行在研究和政策实践层面产生了较大影响。

相较于国外，国内学界对大学生参与、大学生发展的实证研究起步较晚，主要研究成果集中在最近十年。在经历十多年的规模扩张之后，国内高教界认识到亟待建立以促进学生发展为目标、关注学生课内外活动参与的过程性质量评估范式。由此，相继出现了一批旨在体现这一评估思想的工具，比较有影响的包括清华大学汉化、开发的NSSE[①]-China，北京师范大学汉化、开发的CSEQ-China，以及北京大学借鉴欧美等国家相关评估工具，自主研制的“首都高校学生发展状况调查”问卷。相关学者已经利用这些评估工具，收集到扩招后我国高校学生参与和发展方面的数据，开展了一系列深入的实证研究[②]。多数研究结果表明，学生参与对学生发展有积极的影响，但这种积极影响也存在适度区间。这些研究为我们了解当下中国高校学生课内外学习参与及发展状况提供了重要的实证参考。从国内这些评估工具和由此生成的实证研究，可以看出，国外尤其是美国大学生发展理论及主流学生评估工具，对中国同行的深刻影响。

纵览国内相关实证研究，可以发现它们存在两个方面的不足：(1) 这些研究通常将“学生参与”界定为一个包括各种形式的课内外活动参与的综合概念。读者常感到“见林不见木”，因为无法深入了解大学生参与某一类具体而重要的活动信息，其中就包括科研参与、志愿参与等方面的信息。事实上，大学生参与不同的校园活动，尤其是学术性和社会性两大类

① “全美大学生参与度调查”（National Survey of Student Engagement，简称NSSE）。

② 海迪·罗斯，罗燕，岑逾豪. 清华大学和美国大学在学习过程指标上的比较：一种高等教育质量观 [J]. 清华大学教育研究，2008(4)：36-42；罗燕，海蒂·罗斯，岑逾豪. 国际比较视野中的高等教育测量——NSSE-China工具的开发：文化适应与信度、效度报告 [J]. 复旦教育论坛，2009(5)：12-18；周作宇，周廷勇. 大学生就读经验：评价高等教育质量的一个新视角 [J]. 大学·研究与评价，2007(1)：27-31；周廷勇，周作宇. 关于大学师生交往状况的实证研究 [J]. 高等教育研究，2005(3)：79-84；朱红. 高校学生参与度及其成长的影响机制：十年首都大学生发展数据分析 [J]. 清华大学教育研究，2010(6)：35-43；朱红. 个性化深度辅导与首都大学生发展的实证分析 [J]. 北京大学教育评论，2010(1)：45-62；朱红，文东茅，许锐. 高校师生交流的生态学实证分析 [J]. 教育学术月刊，2011(2)：23-28；孙汭睿，丁小浩. 大学生课外参与与投入的适度性研究 [J]. 大学教育科学，2010(6)：53-61；鲍威. 未完成的转型：普及化阶段首都高等教育的人才培养与学生发展 [J]. 北京大学教育评论，2010(1)：27-44；鲍威. 扩招后中国高校学生的学习行为特征分析 [J]. 清华大学教育研究，2009(2)：78-87.

活动，对自身发展的影响是不同的[①]。因此，若仅采用综合性的学生参与概念，而不进行细分，则可能会误估不同形式的学生参与对学生发展的真实作用。（2）这些研究大多采用大样本调查数据，侧重探讨不同类型院校之间学生参与及其对个人发展影响的差异，即关注院校类型层次对学生参与及其效果的影响。而国内外已有研究表明[②][③]，大学生四年中所获得的各方面发展在院校内的差异大于院校间的差异，通俗地讲，组内差异大于组间差异。因此，为深入了解组内差异，在包括各种类型院校学生在内的大样本调查之外，还特别需要针对同一类型院校的学生展开调查。

---

① HU Shouping. Scholarship awards, college choice, and student engagement in college activities: a study of high-achieving low-income students of color [J]. Journal of College Student Development, 2010, 51: 150-161.

② PASCARELLA E T, TERENZINI P T. How college affects students: Volume 2 [M]. San Francisco: Jossey-Bass, 2005.

③ 孙沩睿，丁小浩. 大学生课外参与与投入的适度性研究 [J]. 大学教育科学，2010(6)：53-61.

第二章

大学生学习与发展评估

增值评价法的应用

>> 增值评价作为一种发展性评价方法，目前主要运用于基础教育阶段的学校效能评估、学生学业成绩测评等方面。相较于基础教育，高等教育属于专业教育，大学生的身心发展也更加多元、复杂，增值评价在高等教育领域内的应用目前还比较有限。在当前全球高等教育质量保障的普遍诉求背景下，如何科学评价高等教育机构自身的效率和效力，特别是如何评估高等院校对学生的影响力，如何精确测量大学四年学生学习、发展状况及其增值幅度，成为国内外高等教育研究领域的热点和难点。在此背景下，国内外已有一些研究涉及增值评价与大学生学习评估问题，探讨增值评价在大学生学习过程、结果评估等方面的适用性及前景。本章从中选择有代表性的部分研究，主要从实证研究方法与工具的角度，简要梳理了增值评价法在大学生学习与发展评估中的应用现状及难点，指出在大学生参与及发展领域的研究中，构建本土化理论与评估工具、完善数据库与统计方法的重要性，为本研究以及未来相关研究指引了前进的方向。

一、高等教育中的增值评价

增值评价作为一种发展性评价方法，目前主要运用于基础教育阶段，但是在全球高等教育质量保障的普遍诉求背景下，增值评价的理念和方法也逐渐渗入高等教育领域。在高等教育情境下，所谓“增值”是指大学教育对学生的学业成就以及毕业后的工作、生活所带来的积极影响，而增值评价即是对这种影响程度的测量[①②]。由于大学生毕业后工作、生活等方面的数据难于获得，目前增值评价主要运用于大学生在校期间学习成果评估及各方面发展状况的监测。从经济学角度来看，增值评价属于教育生产函数范畴，通过监测大学生学习成果及其增值幅度，将大学对学生发展的影响从其他诸多因素中分离出来，评估大学对学生的影响力，从而最终考量高等教育机构的内部效率和效力[③]。增值评价的结果有助于深入解释高校对学生发展的影响机制，为改进高等教育质量提供实证依据。

---

① ASTIN A W. Achieving educational excellence [M]. San Francisco: Jossey-Bass, 1985: 60-61.

② BENJAMIN R. Measuring the difference college makes the RANDCAE value added assessment initiative [J]. Peer Review, Winter/Spring 2002.

③ SCHEERENS J, GLAS C, THOMAS S M. Educational evaluation, assessment and monitoring: a systemic approach [M]. Swets & Zeitlinger Publishers, 2003.

二、增值评价与大学生学习评估：实证方法

1. 适合增值评价的数据如何获得

（1）关键指标的度量

在高等教育情境下，学生的学习成果（student learning outcomes）是增值评价的关键指标，如何界定和度量学生的学习成果将直接影响评价结果[①]。皮特·尤厄儿（Peter T. Ewell）认为，大学生学习成果是指学生参与一系列学习体验后，在知识、技能、能力等方面的收获；根据不同的标准，可以将学生的学习成果分为认知、非认知的，心理、行为的，在校期间、大学毕业后的成果[②]。学生的学习成果的概念界定是广义的、宽泛的，但在具体度量时，则是狭义的、具体的。例如，在美国以及经合组织国家的高教评估中，对学习成果的度量大多采用“核心认知能力”或“一般技能”，主要包括书面交流能力、逻辑推理能力以及批判思维能力。这样不仅可以考察大学生四年就读期间核心能力的发展状况及其增值幅度，而且利用增值评价的结果还可以进行跨校、跨地区、跨文化的比较。当然，随着人们对大学生学习成果概念的理解不断加深，在具有通识性、一般性的“核心认知能力”之外，不同学科学生的专业技能，以及诸如情感、态度、人格等非认知层面的学习成果，也将逐步纳入增值评价关键指标度量的范畴。

（2）数据获得途径

高等教育中增值评价的关键指标是大学生学习成果，而关于大学生学

① 在美国高等教育评估中，约90%的经费投入学生学习成果评估中，其余10%的经费投入认证与问责中，可见学生学习成果评估在整个高等教育评估中的核心地位。

② EWELL P T. Assessing educational outcomes [M]. San Francisco: Jossey-Bass, 1985.

习成果的数据信息主要来自以下三个渠道：标准化测试、自陈式量表、课业考试成绩（College Grades）。其中，标准化测试与自陈式量表是增值评价数据获得的主要途径，在当前美国高教评估界，这两种途径可以说各有千秋。

标准化测试通过直接、客观、标准化地测量大学生的核心认知能力，实现对大学生学习成果的增值评价。为解决高等教育评估中的重投入轻产出以及可比较的教育成果严重缺乏等问题，2006年，美国成立了“自愿问责系统”（Voluntary System of Accountability，简称VSA），该系统主要目的是测量“核心教育成果”，促进公众对高等教育机构运转的理解。VSA中用于评估大学生学习成果的标准化测试主要由美国教育考试服务中心（Educational Testing Service，简称ETS）等专业考试机构开发。代表性的测试包括“ETS学术熟练程度测评”“大学学习评估”“大学生学术熟练程度评估”“大学生学术熟练度与进步测量”“基础学科测试”……这些标准化测试主要测量大学生的核心认知能力，包括书面交流能力、逻辑推理能力以及批判思维能力，其目的是考察大学生四年就读期间核心能力的发展状况及其增值幅度，从而评价高等院校对学生的影响力。VSA建议高校根据各自情况，从以上多种测试中任选一种来收集本校学生学习成果的数据信息，从而进行增值评价①。在借鉴美国经验的基础上，国际组织如经合组织也开发出了相关的标准化测试，用于大学生学习成果的增值评价。如“高等教育学习成果评估”（Assessment of Higher Education Learning Outcomes，简称AHELO），主要测试大学生的一般技能，测试结果期望可以用于成员国之间跨文化的比较；除了一般的通用性技能，AHELO还致力于测试不同学科学生的专业技能，如分专业测试经济学和工程学专业学生

① SHAVELSON R J. A brief history of student learning assessment: how we got where we are and a proposal for where to go next [M]. Washington, DC: Association of American Colleges and Universities, 2007.

的学习成果。

自陈式量表通过自我报告型问卷调查，由学生自陈课内外学习、活动的参与情况，以及自我感受到的个体发展和收获情况，间接地实现对大学生学习过程和结果的增值评价。在当前美国高教评估界，比较有代表性的自陈式量表包括“CIRP新生调查”“CIRP大四学生调查”“大学生就读经验调查”“全美大学生参与度调查”“加州大学本科生就读经验调查”……这些自陈式量表的设计理念源于大学生发展理论，学生的背景特征、院校组织特征、学生参与经历、学生的发展和收获是这些量表频频涉及的内容[①]。

在获取增值评价所需的学习成果数据方面，标准化测试与自陈式量表各有优势和弊端。通过标准化测试所得数据能直接反映大学生的核心认知能力及其增值，测试成绩客观，数据易于收集和统计，具有较高的信度和效度。而标准化测试的弊端则主要体现在以下三个方面：首先，这些测试主要测量学生的核心认知能力，很少涉及诸如情感、态度、人格等非认知层面的学习成果；其次，这些测试测量的是学生一般的认知能力，而高等教育是专业教育，标准化测试未能体现不同专业学生学习成果的异质性；再次，由于标准化测试由学生以及学校自愿参加，学生参加测试的动机强弱会影响测试效度。相对于标准化测试，通过自陈式量表所得数据能更加丰富地反映大学生课内外学习、活动的参与情况，以及学生的主观感受、态度等，且施测较为简单，但前提是被调查者最了解自己并能如实报告自身情况。因此，自陈式量表的主要缺点是测量效度不易建立。

就高等教育管理实践而言，标准化测试与自陈式量表各具不同的政策指导取向。标准化测试侧重考察学生的学习结果，尤其是核心认知能力的

① 李湘萍，马娜，梁显平. 美国大学生学习评估工具分析和比较 [J]. 现代大学教育，2012(1)：30-35.

增值情况。这类数据对改进教师的教学过程以及学生的学习过程有重要意义，且有助于在不同学校之间比较学生学习成果的差异，探求差异背后的院校层面影响因素[①]。自陈式量表侧重调查学生的学习过程、经历以及感受，这类数据对改进高校教学管理、学生事务管理过程有重要意义。

标准化测试与自陈式量表各有千秋，其政策指导意义也有所不同，研究者应扬长避短，充分利用这两种途径获取数据，深入分析大学生学习成果增值及其影响因素。在高等教育实践中，管理者应充分掌握这两类数据，客观、全面地了解学生的学习过程与结果，从而为高校人才培养制定科学决策。

2. 如何对数据进行分析

通过标准化测试与自陈式量表获得数据后，国内外学者主要运用分数差值法、多元线性回归模型（Multivariable Linear Regression Model）以及多水平分析模型（Hierarchical Linear Model，简称HLM）这三种方法对数据进行分析，最终实现对大学生学习的增值评价。

首先，是分数差值法。如前所述，所谓“增值”是指大学教育对学生的学业成就的积极影响。在实证研究层面，“增值”体现在横向研究中不同年级学生群体间的差异，以及纵向研究中同一批学生前测、后测结果的差异。分数差值法常使用关键指标，如大学生学习成果的平均数变化效应值（Effect Size）和方差，来表示增值的幅度大小及变异程度。分数差值法常用于标准化测试数据的分析，操作简易，但很难从数据背后找到大学生学习成果增值的影响因素，只能进行学校之间的简单比较。

其次，是多元线性回归模型。多元线性回归模型是分析一个因变量与

① PIKE G R. The relationship between self reports of college experiences and achievement test scores [J]. Research in Higher Education, 1995, 36(1).

多个自变量之间线性关系最常用的统计方法，也是估计观测值与期望值之间残差值的标准统计技术。通过多元线性回归模型得到的残差值，即是大学生在一段时间内学习进步的“增值”[①]。多元线性回归模型将学生以及学校层面的各种影响因素同时纳入统计模型，深入分析学生和学校两个层面内部变量间的关系以及跨层变量间的关系，从而科学评价影响大学生学习成果不同因素的重要程度及交互作用。

最后，是多水平分析模型。多水平分析模型本质上是“回归的回归”，它通过量化影响学生学业成果的各种影响因素，设计回归方程，运用层层嵌套的模型分层，全面考虑学生、班级、学校、地区等各种变量对学生学业成果的影响。多水平分析模型可以通过HLM、MLwin、Lisrel、M-plus以及SAS等统计软件来进行分析。多水平分析模型的主要优点在于可以将影响学生学业成果的外部因素（如学生的学习基础、家庭背景等）与学校或教师的效应分离开来，得到学校或教师的“净效应”[②③]，从而科学评价高等院校对学生的影响力。莱斯利·桑德斯（Lesley Saunders）认为，在诸多统计分析方法中，多水平分析模型具有比较明显的优势，就学校层面的评估而言，它是目前评价学校增值作用最准确的工具[④]。

3. 对国内外相关研究的评论

国外高等教育领域内增值评价的应用较为常见，尤其是在美国，增值评价较多地运用于大学生学习过程与结果的评估。这方面研究的理论基础、关键指标、数据收集以及统计方法都比较清晰、成熟，已有的相关实

---

① 辛涛，张文静，李雪燕. 增值性评价的回顾与前瞻 [J]. 中国教育学刊，2009(4)：40-43.

② 同①.

③ 边玉芳，林志红. 增值评价：一种绿色升学率理念下的学校评价模式 [J]. 北京师范大学学报（社会科学版），2007(6)：11-18.

④ SAUNDERS L. A brief history of educational “value added”：how did we get to where we are? [J]. School Effectiveness and School Improvement，1999，10(2).

证研究主要围绕大学生学习成果的增值幅度及影响因素展开。例如，有研究者根据斯坦福大学理查德·沙文森（Richard Shavelson）教授等人提出的大学生认知能力评价结构①，通过标准化测试，对1300多名大学生的学习成果进行增值评价，在控制学生入学成绩后发现增值效果非常明显②，从而肯定了高等院校对学生的影响力。还有大量研究运用自陈式量表获取数据，分析大学生学习成果增值的影响因素，其中多水平分析模型得到较多应用。

但就实证方法而言，国外大学生学习评估领域内增值评价的研究和应用还存在一定问题，主要体现在数据和统计方法方面。首先，数据的质量和稳定性难以保证。虽然纵向研究更加符合增值评价的理念，但长期的追踪调查使得测量误差产生的风险增大。数据库的建立虽然有助于数据的整合，但成本较高，且数据库中不同类型数据如何处理、不同数据库之间如何相互结合等问题还需要在实践中进一步探索。其次，已有的实证研究其数据来源主要是标准化测试和自陈式量表，而单一的评估工具很难满足对大学生学习成果的全面测量，多种工具同时施测又会增加学生负担、降低测量效果。当前国际高教评估界还缺乏将标准化测试与自陈式量表相结合的好办法，未来需要寻求二者相互融合，使得通过一次评估即可同时获知学生学习过程和结果的数据信息，为增值评价提供客观、动态、全面的高质量数据。最后，在已有实证研究中，高级统计分析方法的应用还不够广泛，且使用程度参差不齐，许多统计技术问题值得进一步挖掘。

相较于国外，我国大学生学习评估领域内增值评价的应用还比较有

① SHAVELSON R J, LETA H. Responding responsibly to the frenzy to assess learning in higher education [J]. Change, 2003, 35(1): 10-19.

② KLEIN S P, KUH G D, CHUN Marc, et al. An approach to measuring cognitive outcomes across higher education institutions [J]. Research in Higher Education, 2005, 46(3).

限，相关的理论和实证研究十分缺乏，仅有的少量研究大多属于译介性质。为提高增值评价应用于我国大学生学习过程、结果评估的可行性，未来还需要研究者借鉴国外增值评价研究与应用的经验，深入开展本土化的大学生发展理论、评估工具的开发等方面的研究。

三、增值评价应用于大学生学习评估：难点与突破

1. 难点

（1）缺乏本土化的大学生发展理论。近年来，高等教育规模急速扩张，我国学界并没有对大学生群体展开真正意义上的长期、系统的实证研究，并在此基础上形成多学科视域下的中国大学生发展理论集群。虽然近十年来，国内有学者不断从国外尤其是美国引进各类针对大学生学习、发展的评估工具，但这些工具基本上以美国大学生发展理论为基础，而该理论集群在我国当前特定高等教育情境下的适用性和解释力还受到一定质疑，相应评估工具的信效度和文化适应性也有待考证。因此，当前增值评价应用于我国大学生学习评估的主要难点在于缺乏本土化的大学生发展理论。

（2）理想数据难于收集。增值评价之所以在基础教育阶段广泛应用，一个重要的原因在于，中小学生标准化测验成绩能为增值评价提供理想的用于实证分析的数据。而在高等教育情境下，大学生的发展更为多元、复杂，不同专业的学生四年学习经历和收获存在较大差异，学生发展的增值情况很难通过单一的自陈式量表或标准化测试获得，而且关于学生发展的一些关键指标，如学生学习成果的界定本身就存在争议。除了大学生发展测量本身所具有的复杂性之外，本土化大学生发展理论及本土化评估工具的双重缺失，也是导致目前适合我国大学生学习增值评价的理想数据难于获得的重要原因。

（3）统计方法的局限。就统计方法而言，增值评价应用于高等教育的主要难点在于增值评价结果受统计模型变化的影响较大。例如，运用普通

最小二乘法和多水平分析模型，分别对同一套数据进行分析，所得出的增值评价结果差异可能会很明显。如前文所述，虽然多水平分析模型在诸多统计方法中具有一定优势，但目前它在国内的应用还不广泛，少数使用者仍然处在对方法的摸索阶段，对方法背后的原理把握程度也有限，这在很大程度上限制了研究的深入。

2. 突破

（1）构建本土化大学生发展理论。提高增值评价应用于我国大学生学习评估的可行性，最根本的举措在于构建本土化大学生发展理论。理论的建构是一个长期的过程，它依赖有针对性的、系统的实证研究。丰富的实证研究结果可以加深对我国大学生群体发展过程、结果及影响因素的理解，在此基础上才能设计出本土化的大学生学习评估工具。唯其如此，增值评价的过程和结果才具备稳定性和科学性。

（2）构建大学生发展评价指标体系，开发本土化评估工具。在实证层面推进增值评价在大学生学习评估中的应用，首先需要构建本土化理论指导下的我国大学生发展评价指标体系，而这一评价指标体系实则为我国高校人才培养目标的具体呈现。具体而言，大学生发展评价指标体系可以分为两个层次：认知能力和非认知能力。其中，认知能力包括一般技能和专业技能，区分二者的主要维度是技能的通识性和可迁移程度。而非认知能力则包括情感、态度、人格等方面。在明确评价指标体系之后，应开发包括自陈式量表、标准化测试等在内的多种形式的本土化评估工具。学生的背景特征、院校组织特征、学生课内外活动参与经历、学生的发展和收获应该是这些工具涉及的主要内容。在具体运用时，应注意结合不同类型评估工具的特点，扬长避短，灵活、综合地加以使用。例如，一般技能的评估宜采用标准化测试，学生课外活动的参与、非认知能力的评估可能更适合采用自陈式量表等，而学生专业技能可以用课业考试成绩或地区性、全国性的专业能力测试工具进行评估。

（3）运用本土化评估工具，收集大学生一般技能、专业技能以及非认知能力方面的数据，逐步建立大学生学习与发展数据库进行纵向研究。针对大学生发展的复杂性和异质性，可以综合运用各种本土化大学生发展评估工具。首先收集大学生一般技能方面的数据，即大学生在书面交流能力、逻辑推理能力以及批判思维能力等方面的发展及增值情况，这方面的增值评价结果可以在不同专业、不同学校之间进行比较。然后分专业收集诸如经济类、工程类等专业大学生专业技能方面的数据。之后再收集情感、态度、人格等非认知层面的数据。最后逐步建立大学生学习与发展数据库进行纵向研究，开展更广泛的增值评价分析。

第三章

大学生科研参与与学生发展

>> 本章以学生参与理论为基础，在回顾本科生科研参与相关实证研究的基础上，利用一所案例高校的学风调查数据，对本科生科研参与的现状、前因及效果进行了深入的实证研究。

一、问题的提出

我国高校自扩招后，学生群体日益多元化，校园环境不断变迁，大学生在课堂内外所能参与的活动也愈加丰富多彩。其中，科研参与是一种独特而又十分重要的活动形式。科研参与本质上是一种高级学习形式，在时空上可以横跨课堂内外，为学生积累学习经验、发现自己的兴趣和潜能提供良好机会。从促进学生发展的角度来说，科研参与的重要性体现在它直指学生能力发展的核心——思维能力的培养。无论是独立开展科研活动还是参与他人的科研项目，学生积极参与科研活动可能会提升其发现问题、解决问题的能力，从而最终促进自身思维水平和整体认知水平的提高。不仅如此，科研参与还是师生间、同辈间有效互动的绝佳模式，能促进学生人际交往等社会性能力的发展。

综上所述，本章以学生参与理论为基础，在回顾本科生科研参与相关实证研究的基础上，利用一所案例高校的学风调查数据，对本科生科研参与行为及其影响因素、本科生科研参与行为与其个体发展之间的关系进行深入的实证研究。本研究中，“科研参与”指普通高校全日制本科生就读期间参与各类科研活动，既包括学生独立开展科研项目，也包括学生参与教师或其他学生主持的科研项目；对该变量的度量包括参与科研活动的次数、时间和频率。本研究中的“学生发展”指本科生就读期间在认知水平以及社会性等方面的发展情况；对该变量的度量采用本科生自陈入学以来个人在认知及社会性能力方面的增值情况，或者说学生对自我发展变化的体验和评价。

《国家中长期教育改革和发展规划纲要（2010—2020年）》在“高等教育”部分明确提出“提高人才培养质量”，“支持学生参与科学研究，强化实践教学环节”。本科生参与科学研究是一种自主式、探究式学习，是培养具备创新精神和实践能力的高素质人才的有效途径。研究本科生科研参与行为对其发展的影响，有助于改进大学生就读经验，提高高等教育人才培养质量。

二、文献述评

1.本科生科研参与的历史发展

本科生参与科学研究是美国本科教育的重要组成部分。早在1960年代，美国大学率先将本科生科研参与制度化、规范化。1969年，麻省理工学院首推“本科生研究机会计划”（The Undergraduate Research Opportunities Program，简称URAP），资助本科生参与教师的研究项目，这是美国大学最早的全校性的本科生科研计划。继麻省理工学院之后，加州理工学院、加州大学洛杉矶分校、加州大学伯克利分校、斯坦福大学等高校陆续出台了各自的本科生科研计划。在此基础上，1978年美国成立了本科生科研理事会（Council on Undergraduate Research，简称CUR）。1987年成立了全美本科生科研大会（The National Conference on Undergraduate Research，简称NCUR）。这两个全国性的协会组织极大地促进了本科生科研在全美主要研究型大学蓬勃开展。1998年，博耶委员会出台了《重建本科教育——美国研究型大学发展蓝图》[①]。这是推动本科生科研在全美研究型大学普及化的纲领性文件，文件号召研究型大学将研究性学习纳入本科教学标准，并提出加强本科生科研的具体措施和建议。2000年以来，作为创新型人才培养的有效途径，本科生科研逐渐成为一种全国性的趋势，席卷全美各大高校。在这场以普及化为核心内容的发展潮流中，本科生科研的阵地从研究型大学拓展到普通院校，学科领域从自然科学延伸至人文社会科学，参与主体从优秀学生扩展到更广大的普通学生。

---

① The Boyer Commission on Educating Undergraduate in the Research University. Reinventing undergraduate education:a blueprint for America's research universities [EB/OL]. (1998-04-01) [2012-06-28]. http://naples.cc.sunysb.edu/pres/boyer.nsf/file/boyer.Pdf.

在借鉴发达国家尤其是美国高校本科生科研组织与管理经验的基础上，清华大学于1996年在国内率先推出本科生研究训练计划（Student Research Training，简称SRT）。随后北京大学、浙江大学、上海交通大学等国内其他高校纷纷出台各自的本科生科研训练计划。2007年，教育部开始实施“国家大学生创新性实验计划”，目前全国已有一百多所大学参与其中。十多年来我国高校本科生科研快速发展，这既是国外本科教育质量改进运动影响力的渗透，也是我国高等教育大众化进程中对本科教育质量和创新型人才诉求的体现。但目前就总体而言，无论是在参与的高校、涉及的学科，还是参与的学生群体上，我国高校本科生科研的覆盖面都还比较窄。而美国高校本科生科研历史最为悠久，在其制度化的进程中积累了相对成熟的组织管理经验，值得我国学习和借鉴。

2. 本科生科研参与的效能评估

一直以来，美国高校管理者和本科生科研基金的资助者希望了解本科生科研计划或项目在实际中具有怎样的功能和价值，本科生参与科研活动对自身发展究竟有怎样的影响。由此，针对本科生科研效能的评估研究不断涌现，这些实证研究大多关注本科生参与科研与其学习经历和结果之间的关联性。如本科生参与科研对其学习态度、认知发展、辍学行为以及毕业选择等方面的影响。主要的研究方法有两类：一类是通过比较实验组（参与本科生科研的学生群体）与控制组（申请了同样的科研项目，但没有通过的学生群体）之间的差异，来评估本科生科研效能；另一类是通过学生自我评估参与科研活动前后个人能力的变化，来研究本科生科研效能[①]。不论使用哪一类研究方法，多数研究结果都表明，本科生参与科学研究对

① 李正，林凤. 美国本科生科研的评估机制 [J]. 中国高等教育，2009(19)：60-61.

他们的认知水平和社会性能力的发展均有不同程度的促进作用，但这种作用在不同学生群体之间存在一定差异。

具体而言，在认知发展方面，有研究表明，本科生参与科研有利于提高他们对科研过程的深度了解，锻炼其数据收集、口头表达、独立思考、信息整合、批判性思维、问题解决等方面的能力①。在学业层面，本科生参与科研不仅有利于顺利完成学业，而且有助于其进入更知名的大学深造并取得研究生阶段学业的成功②。此外，本科生参与科研还有利于其自我认知的发展，提升对科学研究的认同感，他们更有可能成长为未来科学家③。在社会性发展方面，有研究发现，本科生参与科研对其人际交往能力、自主性、自尊、利他主义等都会产生影响。以人际交往为例，本科生科研的一种主要形式就是与导师合作，在与导师合作进行科学研究的过程中，师生之间的有效互动对学生的自信心、幸福感、满意度都会产生积极影响④。此外，在科研活动中的师生互动、同伴互动有利于培养学生的意志力⑤，帮助学生建立身份认同⑥。总之，在与老师、同伴合作科研的过程中，学生原有的态度、信仰、价值观和行为习惯都可能受到挑战，而这些经历有利于学生对自我进行重新评价与塑造。不过，也有研究指出，从科研参与中获得的认知及社会性发展在不同性别、不同学科、不同民族的学生之间存在一

① HARTMANN D J. Undergraduate research experience as preparation for graduate school [J]. The American Sociologist/Summer,1990.

② PEPPAS N A. Student preparation for graduate school through undergraduate research [J]. Chemical Engineering Education. 1981,15(2):135-137.

③ HUNTER A-B,LAURSEN S L,SEYMOUR E. Becoming a scientist:the role of undergraduate research in students' cognitive,personal,and professional development [J]. Sci Educ, 2007,91:36-74.

④ SAX L J,BRYANT A N,HARPER C E,The differential effects of student-faculty interaction on college outcomes for women and men [J], Journal of College Student Development,2005, 46(6):642-659.

⑤ PASCARELLA E T,TERENZINI P T. How college affects students:Volume 2 [M]. San Francisco:Jossey-Bass,2005.

⑥ DAVIS D S,GLAZIER D. How do we evaluate undergraduate research? [J]. Council on Undergraduate Research Quarterly,1997,18:73-76.

定的差异[①]。关于本科生科研效能的正面评估结论，激发了美国更多高校、教师和学生投入到本科生科研中，同时也为本科生科研争取到更多政府以及民间组织的经费资助。

除效能评估之外，这一研究领域中美国也有不少实证研究关注本科生科研参与的影响因素，即在什么情境下，具备哪些特征的学生更有可能实质性地参与到科研活动中。多数研究结果表明，院校组织特征[②]、学生个人及家庭背景特征、学生在校园中的人际互动是学生科研参与最重要的影响因素。其中，尤为突出的因素是学生就读期间与教师、同辈的有效互动[③]。探究本科生参与科研活动的“前因”“后果”，有助于提高科研基金资助方的资助力度，改进高校学生科研活动的组织与管理，从而提升学生在科研活动中的参与度和收获度。

我国目前对本科生科研参与的研究侧重从宏观层面阐述科研参与的意义、模式，研究方法主要有案例调查（介绍某所高校或高校中某个专业的学生科研参与情况）、比较研究（尤以介绍美国本科生科研组织与管理、模式为主）[④]，涉及本科生科研效能评估的实证研究非常缺乏。但随着本科生科研参与的覆盖面不断扩大，其功能和地位日益突出，无论是学生个体

① CRANEY C, et al. Cross-discipline perceptions of the undergraduate research experience [J]. The Journal of Higher Education, 2011(1): 93-113.

② 院校组织特征包括院校类型、层次及规模等，在跨院校的大样本调查研究中，院校组织特征是影响学生科研参与的重要因素，但本研究属于案例高校的微观调查研究，故这一因素不作为考察重点。

③ KUH G D, HU Shouping. Learning productivity at research universities [J]. The Journal of Higher Education. 2001, 72(1): 1-28; HU Shouping, KUH G D, GAYLES J G. Engaging undergraduate students in research activities: are research universities doing a better job? [J]. Innovative Higher Education, 2007(32): 167-177; HU Shouping, SCHEUCH K, GAYLES J G. The influences of faculty on undergraduate student participation in research and creative activities [J]. Innovative Higher Education, 2009(34): 173-183.

④ 卢晓东. 本科教育的重要组成部分——伯克利加州大学本科生科研 [J]. 高等理科教育，2000(5)：67-74；刘宝存. 美国研究型大学本科生科研的基本类型与模式 [J]. 教育发展研究，2004(11)：93-95；李正，林凤，卢开聪. 美国本科生科研及对我国的启示 [J]. 高等工程教育研究，2009(3)：79-85.

层面，还是学校组织机构层面，都亟须针对本科生科研效能的评估研究，以改进高校本科生科研的组织与管理，从而让学生最终从科研参与中获得更多实质性的提升。

基于以上综述，本研究计划在以下几方面弥补国内已有研究的不足：（1）不再将“学生参与”作为一个模糊的综合概念，而是将其进行细分，深入、具体地考察学生科研参与这一重要的参与形式对个人发展的影响。（2）为控制学生发展在院校间的差异，突出院校内差异，本研究对同一所高校内学生参与、学生发展进行深入的微观调查，从而弥补大样本调查数据的不足，这样能较为准确、客观地反映学生科研参与与其个体发展之间的真实关系。（3）研究假设的检验同时采用传统统计、计量回归以及结构方程模型（Structural Equation Modeling，简称SEM）。SEM是当代行为与社会领域量化研究的重要统计方法，对各种多自变量、多因变量的因果模型可以进行模型辨识、估计和验证。SEM一般先做验证性因素分析（confirmatory factor analysis，简称CFA），以验证测量工具的结构效度，再做路径分析，以估计因子之间的因果关系。相较于传统的多元线性回归，SEM不仅可以处理可观测的显性变量，还可以处理不可观测的潜在变量，不仅提供多个变量间的直接效应，还可以同时呈现变量间的间接效应。在一定程度上，SEM可同时替代传统复回归、通径分析、协方差分析等①。高等院校是典型的多投入、多产出组织，仅就人才培养而言，本科生经过四年学习，获得的个人发展是多方面的，既包括认知发展，也包括社会性发展。因此，本研究要评估学生科研参与对个体发展的直接效应、间接效应和总效应，采用SEM较为适切。

① 吴明隆. 结构方程模型——AMOS的操作与应用 [M]. 重庆：重庆大学出版社，2009.

三、数据与研究方法

1. 分析框架

在回顾本科生科研参与相关实证研究的基础上，本研究将围绕本科生科研参与的现状、影响因素及效果展开具体的实证分析。实证分析的主要内容包括：(1) 学生科研参与的现状分析。(2) 学生科研参与及其影响因素分析，具体包括：不同背景学生科研参与的差异分析、学生背景特征与其科研参与的相关性分析、学生科研参与的影响因素分析。(3) 学生科研参与与其个体发展之间的关系分析，具体包括：学生科研参与与其发展之间的相关性分析、学生科研参与对其发展影响的分析、不同背景学生参与科研对其自身发展影响的差异分析。实证分析框架见图3-1①。

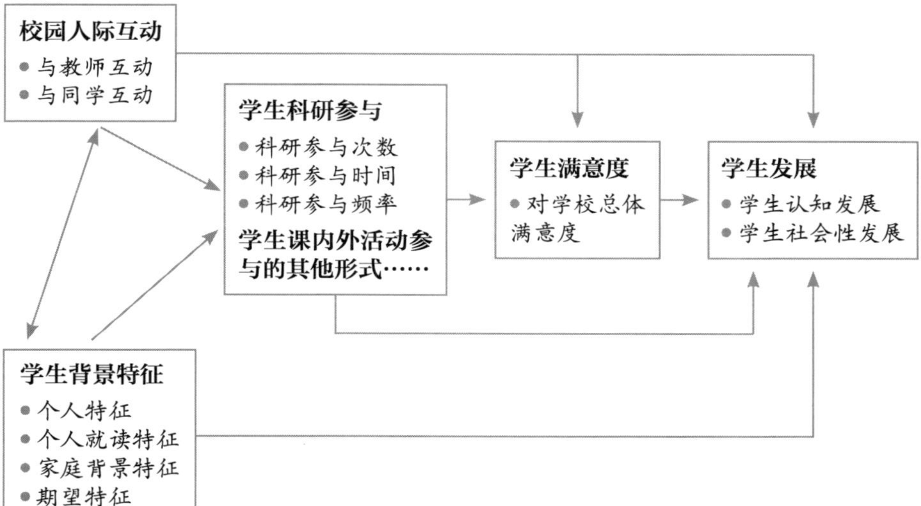

图3-1 实证分析框架图

① 本研究实证分析框架部分参考了Pascarella的“校园环境对大学生学习与认知发展影响的综合评估模型”（Pascarella, E., 1985），以及Weidman的“本科生社会化模型”（Weidman, J., 1989）。

2. 研究方法

本研究实证分析部分采用传统统计、计量回归以及结构方程模型相结合的方法。其中，统计分析包括统计描述、均值比较、方差分析、相关分析以及探索性因素分析。计量回归分析主要包括逻辑斯特回归。结构方程模型的运用，一方面利用验证性因素分析来验证调查问卷的结构效度，另一方面利用路径分析，探讨案例高校学生科研参与、学生满意度与学生发展之间的直接、间接和总的影响关系，以及这种影响关系在不同学生群体之间是否存在显著差异。实证分析采用的统计软件包括SPSS16.0以及AMOS7.0。

3. 数据来源与样本特征

本研究数据来自2012年对北京地区一所案例高校2766名本科生进行的一项关于学风状况的问卷调查，调查工具为研究者自编问卷。该案例高校是北京市属一般本科院校，2008年在北京市两所工科院校基础上合并组建而成，目前共有三个校区。学校现有全日制本科生约一万人，教职工1300余人，其中专任教师700余人。全校共有9个学院，以工科为主，兼有文理学科，以培养应用型人才为主。

（1）问卷编制。在广泛参考了国内外相关调查工具和研究成果的基础上[①]，

① 问卷编制过程中，相继参考了美国大学生发展理论及主流学生评估工具，如“CIRP新生调查”（CIRP Freshman Survey，简称CIRP-FS）、“CIRP大四学生调查”（CIRP College Senior Survey，简称CIRP-CSS）、“大学生就读经验调查”（The College Student Experiences Questionnaire，简称CSEQ）、“全美大学生参与度调查”（National Survey of Student Engagement，简称NSSE）、“加州大学本科生就读经验调查”（University of California Undergraduate Experience Survey，简称UCUES）、“大学校园环境的学生满意度调查”（Student Assessment of the College Environment，简称SACE）以及“大学学习评估”（The Collegiate Learning Assessment，简称CLA）。此外，在设计问卷的“学生发展”部分时，先后参考了阿瑟·奇克林（Arthur Chickering）的大学生认同发展理论、威廉·佩里（William Perry）的智力与道德发展理论、劳伦斯·科尔伯格（Lawrence Kohlberg）的道德推理阶段理论。尤其需要指出的是，问卷编制得到北京市教育工委与北京大学教育学院合作的“首都高校学生发展状况监测”项目的大力支持。该项目借鉴欧美等国家相关评估工具，自主研制出“首都高校学生发展状况调查”问卷。这为本研究问卷设计提供了有价值的参考。在此，对国内外同行一并表示诚挚的谢意。

结合研究目的及案例高校的具体校情，研究者自编了预调查问卷。然后在预调查数据基础上，依据问卷项目分析、信效度分析以及预调查中发现的问题，删除或修改表述不清、不能理解及不必要的题目，最后形成问卷定稿。正式调查问卷包括三部分：学生基本背景信息、学生课内外活动参与、学生发展及满意度。同时，依据预调查数据、调查要求和样本公式，得到大概的实测样本量。

（2）问卷施测。问卷正式施测于2012年初进行，在案例高校的三个校区共发放问卷3500份，实际回收2766份，问卷回收率为79%。本次问卷调查在抽样框（学生总体分布及名录）基础上，采取严格的多阶段分层随机抽样与比例抽样相结合的方法，在分层时同时考虑学生所在学院、年级和学生性别等因素，有效保证样本的随机性。另外，有专业调查员现场指导问卷的发放和填写，问卷的回收和填写质量都非常高，因此，总体的数据质量是很高的。问卷回收之后即对问卷进行编码，随后录入公司并行录入、对比纠错，研究者对数据进行严格审核，最后得到用于统计软件分析的数据。

（3）样本特征。样本学生来自全校9个学院，从性别来看，男生占57.8%，女生占42.2%。从年级来看，一年级学生占26.2%，二年级学生占27.3%，三年级学生占25.4%，四年级学生占21.1%。从生源地来看，北京生源占62.6%，外地生源占37.4%。样本学生平均年龄为20岁，独生子女占64.4%。从家庭背景来看，68%的样本学生父亲文化程度在高中及以上水平，样本学生父母从事职业类别多样，频次较高的如国家机关党群组织、企事业单位负责人，以及自由职业。从入学前就读经历来看，65.9%的样本学生入学前就读重点或示范高中，在高考填报志愿时，48.9%的样本学生将目前所读专业作为第一志愿。由此可初步推断，案例学校整体生源质量不错，但学生对学校和就读专业的初始认同度并不太高。从入学后就读经历来看，样本学生在学术性活动中的时间、精力投入不足，尤其是在课业学习和科研活动中的参与度都比较低。相对而言，样本学生在社会性活动，尤其是娱乐、体育以及各级各类的学生会活动中的参与热情更高。从人际互动来看，样本学生无论是与教师还是辅导员的互动交流频率都偏低，相比之下，学生更倾向于同辈间的互动。从满意度评价来看，样本学生对学校总体满意度尚可，但对学校目前校区分散以及学风状况的满意度较低。

4. 研究假设

根据学生参与理论以及本科生科研参与的相关研究结果，本文提出以下研究假设。

第一组假设：学生科研参与行为及其影响因素。

（1）不同背景学生科研参与存在显著性差异。

（2）学生背景特征与其科研参与存在显著相关。

（3）学生科研参与影响因素包括个人特征、个人就读特征、家庭背景特征、个人及家庭期望特征以及校园人际互动。

第二组假设：学生科研参与行为与其个体发展之间的关系。

（4）学生科研参与与其发展存在显著相关。

（5）学生科研参与对其发展有显著性影响。

（6）不同背景学生参与科研对其自身发展的影响有显著性差异。

四、研究结果

1. 问卷的信效度分析

（1）信度分析

由于本研究调查问卷主体部分的题项设计大多采用多项选择，例如李克特量表形式，因此在对问卷进行信度分析时，更适宜采用克隆巴赫（Cronbach）的Alpha系数来估计其内部一致性信度（internal consistency reliability）。分析结果表明，问卷总体的信度系数为0.961，各部分的信度系数均在0.80以上（见表3-1），说明该问卷信度良好，各部分题项设计合理，表明测量结果受随机误差的影响较小，测量工具的一致性和稳定性较高。

表3-1 问卷总体及各部分的内部一致性信度系数

		Cronbach's a
问卷总体		0.961
问卷各部分	学生参与	0.861
	学生发展	0.929
	学生满意度	0.949

（2）效度分析

本研究采用探索性因素分析（exploratory factor analysis，简称EFA）的正交方差最大法（varimax）进行主成分分析（principal components analysis），以检测问卷的结构效度（construct validity）。分析结果表明，问卷各部分的KMO系数值均在0.85以上，Bartlett's球形检验结果显著（见表3-2），表明问卷各部分适合做因素分析。经主成分分析法提取因子，并按照正交方差最大法进行因子旋转，从问卷各部分提取出若干公共因子，相应解释总方差变异的58.188%、63.112%、61.432%，说明问卷各部分题项设计合理，效度良好。

表3-2 问卷各部分的探索性因素分析结果

问卷各部分	**KMO系数**	Bartlett's**球形检验** Sig.	**累积方差贡献率**
学生参与	0.890	.000	58.188%
学生发展	0.964	.000	63.112%
学生满意度	0.956	.000	61.432%

2. 学生科研参与行为及其影响因素分析

(1) 学生科研参与的现状分析

通过对学生科研参与现状的统计描述进行分析，可以发现，总体而言，无论是在参与次数、参与时间还是参与频率上，样本学生在各类科研活动中的参与程度都偏低。约八成学生自入学以来未参加过科研活动；在参与科研活动的学生中，近八成学生平均每周投入1—5个小时用于科研活动。就科研合作对象而言，学生更倾向于选择同学而非教师，这也从侧面反映了样本学生的师生互动频率不及同辈互动频率。

表3-3 学生科研参与基本情况

		有效百分比	均值	标准差
参与次数	① 没参加过 ② 1次 ③ 2次 ④ 3次及以上	81.4% 12.4% 3.4% 2.8%	1.28	.66
参与时间	① 0小时 ② 1—5小时 ③ 6—10小时 ④ 11—20小时 ⑤ 20小时以上	44.7% 42.8% 8.8% 2.0% 1.7%	1.81	.84
参与频率 (与同学合作参与科研的频率)	① 从未 ② 偶尔 ③ 经常 ④ 常常	42.2% 38.8% 14.5% 4.5%	1.59	.87
参与频率 (与教师合作参与科研的频率)	① 从未 ② 偶尔 ③ 经常 ④ 常常	72.6% 22.9% 3.4% 1.1%	1.33	.592

(2) 不同背景学生科研参与的差异分析

为探讨不同背景学生科研活动的参与度是否存在显著差异，具有哪些背景特征的学生更有可能参与科研活动，需要对不同背景学生的科研参与次数[①]进行统计描述、均值比较与方差分析。结果如下：

表3-4 不同背景学生科研参与的差异分析结果

学生背景特征			科研参与次数			
			均值	标准差	F（t）值	Sig.
个人特征	性别	女	1.20	.55	5.157	.000
		男	1.33	.72		
个人就读特征	年级	一年级	1.11	.46	38.081	.000
		二年级	1.21	.55		
		三年级	1.36	.71		
		四年级	1.46	.85		
	专业	文科	1.22	.59	3.237	.001
		理科	1.30	.69		
	学业成绩排名	前10%	1.44	.83	11.408	.000
		11%—25%	1.30	.64		
		26%—50%	1.24	.62		
		51%—75%	1.21	.56		
		后25%	1.19	.62		
	学生干部经历	没有	1.18	.56	6.738	.000
		有	1.35	.72		
家庭背景特征	生源地	非京籍	1.25	.65	3.115	.001
		京籍	1.29	.67		
个人期望特征	个人毕业期望	不明确	1.17	.56	8.406	.000
		就业或创业	1.25	.63		
		读研	1.33	.71		

注：（1）科研参与次数：=1表示上大学以来没有参加过科研项目，=2表示上大学以来参加过1次科研项目，=3表示上大学以来参加过2次科研项目，=4表示上大学以来参加过3次及以上科研项目。（2）不同性别、不同专业、不同学生干部经历、不同生源地学生之间科研参与的差异分析运用均值比较（采用t值），其他背景特征学生之间的差异分析运用方差分析（采用F值）。（3）差异分析结果不显著的背景特征变量未列入表格。

① 本研究数据中，相较于科研参与次数，科研参与时间、频率等变量的缺失值相对更高，因此以下分析中只采用科研参与次数这一变量。

①就个人特征而言，不同性别学生的科研活动参与存在显著差异，男生显著高于女生，说明在科研活动这种自主式、探究式的高级学习形式中，男生更为自觉和主动，男生更倾向于“做中学”。

②就个人就读特征而言，不同年级、专业、学业成绩、学生干部经历的学生其科研活动参与存在显著差异。第一，随着年级的升高，样本学生的科研活动参与程度也在提高，体现了随着自然年龄的增长、专业学习的推进，学生参与科研活动的意识和能力在逐步提高。低年级本科生处于以课堂、教材为主的结构性学习阶段，而高年级学生课外拓展性、合作性、自主性、探究性学习兴趣在增长。第二，从专业来看，整体上，理工科学生的科研活动参与度高于文科学生。当然，这种差异可能来自文、理科专业性质对学生学习形式、学习习惯的内在影响。譬如，理科学生的科研动手能力更强与他们平时的学习方式和实验室训练密切相关。第三，从学业成绩排名来看，成绩越好的学生其科研活动参与度越高，主要原因在于学习成绩好的学生相对而言学习兴趣更浓，更加学有余力。当然，这里也可能存在着一定的互为因果关系，即科研参与越多的学生成绩也越好。第四，从学生干部经历来看，学生干部与普通学生之间在科研活动参与方面也有差异。相较于普通学生，学生干部的科研活动参与度更高。可以看出，作为本科生中的“精英”，学生干部不仅积极参与课外活动，其课业学习投入和科研活动参与程度均高于普通学生。体现在学生干部身上的这种多重精英的“叠加效应”，其实折射出学生进入大学之后呈现的两极分化现象，忙的越忙，优秀的更加优秀。

③就家庭背景特征而言，不同生源地学生的科研活动参与存在显著差异。京籍学生科研项目参与度显著高于非京籍学生，但同样在此次调查中，研究者却发现非京籍学生的科研竞赛参与显著高于京籍学生。一种可能的解释是，相对而言，京籍学生可能更看重参与科研项目的过程，非京籍学生更倾向于科研竞赛背后的激励与回报机制。此外，京籍与非京籍学生高中阶段的学习经历，特别是探究性、研究性学习的经历不同，这也可

能是造成大学阶段科研参与差异的因素之一。

④就个人及家庭期望特征而言，不同毕业期望学生的科研活动参与存在显著差异。本科毕业后打算读研的学生，其科研活动参与度最高；毕业后无明确打算的学生其科研活动参与度最低；打算毕业后就业或创业的学生其科研活动参与度处于两者之间。打算毕业后继续深造的学生较早地就开始积累自己的科研经历，为日后读研做准备。可见，越早制定清晰的生涯规划，就越能有效利用时间和把握机会，不断积累个人的人力资本，为未来成功赢得“先机”。

综上所述，相对而言，男生、高年级学生、理科学生、学业成绩好的学生、担任过学生干部的学生、京籍学生、毕业后打算读研的学生，科研活动参与度更高。由此，“不同背景学生科研参与存在显著性差异”这一研究假设得到验证。

（3）学生背景特征与其科研参与的相关性分析

通过对学生背景特征与其科研参与进行相关性分析，有以下发现。

①就个人特征而言，学生性别与其科研参与存在显著相关。从相关系数来看，无论是在参与次数还是参与时间上，男生在科研活动中的参与程度都显著高于女生。学生年龄与其科研参与有一定正相关，但不显著。这一结果再次印证了上述差异分析的结论，即相对于女生而言，男生更有可能参与科研活动。

②就个人就读特征而言，学生的年级、专业、学业成绩、学生干部经历与其科研参与存在显著相关。从相关系数来看，无论是在参与次数还是参与时间上，相较于低年级学生、文科学生、学业成绩较差的学生、未担任过学生干部的学生，高年级学生、理科学生、学业成绩好的学生、担任过学生干部的学生在科研活动中的参与程度都显著更高。这一结果再次印证了上述差异分析的结论。此外，通过对比相关系数，可以发现，与科研参与次数关联性最强的是学生所处年级，最弱的是其所学专业。这说明学生在科研活动中的参与程度，与其所处年级紧密相关。随着年级的提高、学生自

然年龄的增长以及专业学习的推进，学生参与科研活动的意识和能力在逐步提高。低年级本科生处于以课堂、教材为主的结构性学习阶段，而高年级学生课外拓展性、合作性、自主性、探究性学习兴趣在增长。与年级相比，学生所学专业与其科研参与度的关联性较弱，即原则上，学生参与科研活动不受专业所限，无论是理科生还是文科生，都可以积极地参与到科研活动中。

③就家庭背景特征而言，学生生源地、父母文化程度及职业与其科研参与有一定相关，但都不显著。

④就个人及家庭期望特征而言，学生及其父母的毕（就）业期望与其科研参与有一定相关，但都不显著。

由此，“学生背景特征与其科研参与存在显著相关”这一研究假设得到了部分验证。那么，在案例高校中，究竟哪些学生更有可能参与科研活动？上述差异分析与相关分析得出了比较一致的结论，即男生、高年级学生、理科学生、学业成绩好的学生、担任过学生干部的学生。

表3-5 学生背景特征与其科研参与的相关分析结果

学生背景特征		科研参与次数	科研参与时间
个人特征	性别	–.084**	–.021**
	年龄	.033	.005
个人就读特征	年级	.199**	.069**
	专业	.057**	.004*
	学业成绩排名	.119**	.087**
	学生干部经历	.151**	.093**
家庭背景特征	生源地	.002	–.013
	父亲文化程度	.020	.011
	母亲文化程度	.021	.002
	父亲职业	–.059	–.021
	母亲职业	–.049	–.026
期望	个人毕业期望	–.006	–.011
	父母毕业期望	–.005	.014
	个人就业期望	–.034	–.034
	父母就业期望	–.026	–.055

**：在.01水平（双侧）上显著相关。*：在.05水平（双侧）上显著相关。

注：表中“年龄”“年级”“学业成绩排名”用Pearson相关，其他背景特征用Spearman相关。

（4）学生科研参与的影响因素分析

基于上述差异分析、相关分析结果，影响大学生科研参与程度的可能因素包括个人特征、个人就读特征、家庭背景特征、个人及家庭期望特征等一系列学生背景特征。此外，根据国内外已有研究结论，大学生就读期间的人际互动，尤其是与教师、同学的互动情况，也可能对其科研参与行为产生影响。为了解这些可能的因素是否会对学生的科研参与产生显著性影响，如果会，具体影响程度是多少，需要建立影响学生科研参与的因素分析模型：

$$(Res)_{Logit}=\beta_0+\sum\beta_{1i}X_i+u$$

变量说明：Res为科研参与（参与=1，未参与=0）；X_i代表学生背景特征以及校园人际互动的一组虚拟变量；u为随机扰动项；β_0为截距项；β_{1i}为各项的回归系数。

表3-6 回归结果——学生科研参与的影响因素分析

自变量			回归系数B	机会比率Exp (B)
个人特征	性别	女		
		男	.461***	1.586
	年龄		—	—
个人就读特征	年级	一年级		
		二年级	.826***	2.284
		三年级	1.517***	4.559
		四年级	1.696***	5.453
	专业	文科		
		理科	.423**	1.527
	学业成绩排名		.172***	1.188
	学生干部经历	没有		
		有	.534***	1.706
家庭背景特征	生源地	农村		
		乡镇	—	—
		县级市	—	—
		地级市	—	—
		直辖市/省会城市	—	—

[续表]

自变量			回归系数B	机会比率Exp (B)
家庭背景特征	父亲文化程度	小学及以下		
		中学	—	—
		大学及以上	—	—
	母亲文化程度	小学及以下		
		中学	—	—
		大学及以上	—	—
个人期望特征	个人毕业期望	不明确		
		就业或创业	—	—
		读研	.353**	1.423
校园人际互动	与教师互动频率		.086***	1.090
	与同学互动频率		.154***	1.167
常数项			–6.607***	.001
Nagelkerke R^2			.209	
样本量			2766	

注：（1）因变量：科研参与（=1表示上大学以来至少参加过1次科研项目，=0表示上大学以来没有参加过科研项目）。（2）“与教师（或同学）互动频率”：由低到高分成“从未、偶尔、经常、常常”四个级别。（3）Logistic回归；*<.05，**<.01，***<.001。（4）“—”表示该自变量未通过α=0.1显著性检验。

由回归分析结果可知，学生性别、所处年级、所学专业、学业成绩、学生干部经历、个人毕业期望等学生背景特征，以及就读期间的校园人际互动，对学生是否参与科研活动有显著性影响，或者说是决定学生是否参与科研活动的影响因素。

从具体回归系数和机会比率可以进一步了解这些因素对学生科研参与的影响程度。从性别来看，在其他条件相同的情况下，男生比女生在科研活动中的参与率明显更高，男生参与科研活动的机会比率是女生的1.586倍。从年级来看，在其他条件相同的情况下，高年级学生比低年级学生在科研活动中的参与率明显更高，二年级学生参与科研活动的机会比率是一年级学生的2.284倍，三年级学生参与科研活动的机会比率是一年级学生的

4.559倍，四年级学生参与科研活动的机会比率是一年级学生的5.453倍。此外，通过对比各回归系数，可以发现，在所有影响学生科研参与的因素中，年级是最明显的因素，或者说是影响学生科研参与最强的一个因素。这一结果再次清晰展现了学生所处年级与其科研参与率之间的紧密关联，说明随着自然年龄的增长、专业学习的推进，学生参与科研活动的意识和能力均得以提高。从专业来看，在其他条件相同的情况下，理科学生比文科学生在科研活动中的参与率明显更高，理科学生参与科研活动的机会比率是文科学生的1.527倍。从学生成绩排名来看，在其他条件相同的情况下，排名靠前的学生比排名靠后的学生在科研活动中的参与率明显更高，排名靠前的学生参与科研活动的机会比率是排名靠后的学生的1.188倍。从学生干部经历来看，在其他条件相同的情况下，担任过学生干部的学生比未担任过学生干部的学生在科研活动中的参与率明显更高，担任过学生干部的学生参与科研活动的机会比率是未担任过学生干部的学生的1.706倍。从学生个人的毕业期望来看，在其他条件相同的情况下，有读研打算的学生比毕业后无明确打算的学生在科研活动中的参与率明显更高，有读研打算的学生参与科研活动的机会比率是毕业后无明确打算的学生的1.423倍。从校园人际互动来看，在其他条件相同的情况下，无论是与教师互动还是与同学互动，互动频率高的学生比互动频率低的学生在科研活动中的参与率都明显更高。这也印证了国内外已有研究结论，即学生与教师、同辈的互动会对其科研参与行为产生积极影响。

综上所述，决定学生是否参与科研活动的影响因素包括：学生性别、所处年级、所学专业、学业成绩、学生干部经历、个人毕业期望等学生背景特征，以及就读期间的校园人际互动。这一回归分析结果在较大程度上再次印证了上述差异分析、相关分析结果。由此，“学生科研参与影响因素包括个人特征、个人就读特征、家庭背景特征、个人及家庭期望特征以及校园人际互动”这一研究假设得到了部分验证，因为根据回归分析结果，家庭背景特征并不构成学生科研参与的影响因素。

3. 学生科研参与行为与其个体发展之间的关系

（1）“学生发展”部分问卷的因素分析

① 探索性因素分析。

心理学意义上的学生发展一般包括认知发展和社会性发展两部分。认知发展的核心是思维能力尤其是批判性思维能力的发展；社会性发展的核心是学生个体认同的发展，即学生对自我认识能力的发展。本研究中，“学生发展”部分的问卷同样包括认知发展和社会性发展两部分，且这两部分涉及的题项分别有多个。通过上文问卷信效度的分析，可知“学生发展”这部分的问卷具备良好的信度和效度，适合做因素分析。因此，在分析学生科研参与行为与其个体发展间的关系之前，宜先采用探索性因素分析，提取少数几个公共因子分别作为刻画学生认知发展和社会性发展这两个维度的实际指标。

首先，“学生认知发展”的因素分析。

在本研究问卷调查中，“学生认知发展”主要指学生入学以来在专业知识和技能方面自我感觉到的变化及评价（注：变化程度包括从“下降”到“很大提高”5个等级），具体包括15个题项。

采用探索性因素分析的正交方差最大法对涉及学生认知发展的15个题项做因素分析。经过两次因素分析，删除其中的4道题之后，对剩余的11道题重新做主成分因子分析，第三次因素分析结果表明，KMO测量系数检验得出样本充分性MSA值为0.914，Bartlett’s球形检验卡方值显著性系数 $p=0.000<0.01$，表明删除题项后的学生认知发展数据适合做因素分析。再采用主成分分析法提取因子，并按照正交方差最大法进行因子旋转，提取出2个公共因子，这2个公共因子共解释总方差变异的66.939%。

下表呈现了旋转后的因素载荷矩阵，第一个因子对“批判性思维能力”“分析和推理能力”“独立思考能力”“清晰、有效的口头表达能力”“信息搜集、检索能力”“计算机能力”有绝对值较大的载荷系数。

第二个因子对“有效学习的能力”“独立、主动学习的能力”“时间管理能力”“学业成绩”“考试能力”有绝对值较大的载荷系数。根据这些变量的原始含义可以对两个因子进行命名：第一个因子为“思维及语言能力发展”，第二个因子为“元认知能力发展”。

总之，经过探索性因素分析，可以将学生认知发展的一系列原始变量归为“思维及语言能力发展”及“元认知能力发展”这两个因子。

表3-7 学生认知发展的因素分析结果

	因子	
	1（思维及语言能力发展）	2（元认知能力发展）
批判性思维能力	.832	.255
分析和推理能力	.810	.306
独立思考能力	.765	.351
清晰、有效的口头表达能力	.715	.235
信息搜集、检索能力	.697	.238
计算机能力	.661	.204
有效学习的能力	.302	.845
独立、主动学习的能力	.284	.836
时间管理能力	.268	.828
学业成绩	.245	.791
考试能力	.282	.671

提取方法：主成分分析法。旋转法：正交方差最大法。

其次，“学生社会性发展”的因素分析。

在本研究问卷调查中，“学生社会性发展”主要指学生入学以来在社交与情绪管理能力等方面自我感觉到的变化及评价（注：变化程度包括从“下降”到“很大提高”5个等级），具体包括20个题项。

采用探索性因素分析的正交方差最大法对涉及学生社会性发展的20个题项做因素分析。经过三次因素分析，删除其中的7道题之后，对剩余的13道题重新做主成分因子分析。第四次因素分析结果表明，KMO测量系数检验得出样本充分性MSA值为0.909，Bartlett's球形检验卡方值显著性系数

p=0.000<0.01，表明删除题项后的学生社会性发展数据适合做因素分析。再采用主成分分析法提取因子，并按照正交方差最大法进行因子旋转，提取出2个公共因子，这2个公共因子共解释总方差变异的62.257%。

下表呈现了旋转后的因素载荷矩阵。第一个因子对“对生活目的和意义的理解能力”“道德认知能力”“对家庭和社会责任的理解能力”“关心、照顾自己的能力”“将理想目标付诸行动的能力”“对全球化理解的能力”“身体素质”有绝对值较大的载荷系数。第二个因素载荷系数绝对值较大的正好是13个原始变量中的另外六个，即“有效地与他人合作的能力”“人际交往能力”“领导能力”“解决较为复杂的现实问题的能力”“焦虑控制能力”“情绪管理的能力”。根据这些变量的原始含义可以对两个因子进行命名：第一个因子为“自我认识能力发展”，第二个因子为“社交与情绪管理能力发展”。

总之，经过探索性因素分析，可以将学生社会性发展的一系列原始变量归为“自我认识能力发展”及“社交与情绪管理能力发展”这两个因子。

表3-8 学生社会性发展的因素分析结果

	因子	
	1 （自我认识能力发展）	2 （社交与情绪管理能力发展）
对生活目的和意义的理解能力	.796	.258
道德认知能力	.767	.273
对家庭和社会责任的理解能力	.763	.276
关心、照顾自己的能力	.732	.265
将理想目标付诸行动的能力	.679	.318
对全球化理解的能力	.629	.257
身体素质	.592	.194
有效地与他人合作的能力	.303	.816
人际交往能力	.261	.799
领导能力	.201	.795
解决较为复杂的现实问题的能力	.338	.785
焦虑控制能力	.307	.711
情绪管理的能力	.324	.695

提取方法：主成分分析法。旋转法：正交方差最大法。

② 验证性因素分析。

为检验在上文探索性因素分析中得到的因素结构模型是否与样本数据适配，从而验证“学生发展”这部分问卷的结构效度，需要做进一步的验证性因素分析。通过上文探索性因素分析，从学生认知发展和社会性发展各提取两个因子，这四个因子都属于“学生发展”这一总概念下的潜在变量。根据已有理论和相关研究结果可知，这四个潜在变量之间是有相关性的，所以在这四个因子及其24个测量指标之间构建多因素斜交模型。经过一阶验证性因素分析，模型适配度评价结果如下。

表3-9 “学生发展问卷”验证性因素假设模型检验结果

模型基本适配度检验摘要表		
评价项目	**检验结果数据**	**模型适配判断**
是否没有负的误差变异量	均为正数	是
因素负荷量是否介于0.5至0.95之间	.538—.890	是
是否没有很大的标准差	.007—.044	是
整体模型适配度检验摘要表		
评价项目	**检验结果数据**	**模型适配判断**
绝对适配度指数		
p>.05（未达显著水平）	.636	是
RMSEA<.08	.005	是
GFI>.90	.955	是
AGFI>.90	.925	是
增值适配度指数		
NFI>.90	.963	是
RFI>.90	.960	是
IFI>.90	1.007	是
NNFI>.90	1.009	是
CFI>.90	1.001	是
简约适配度指数		
PGFI>.50	.658	是
PNFI>.50	.712	是
CN>200	350	是
卡方自由度比<2.00	1.568	是

［续表］

模型内在质量检验摘要表		
评价项目	检验结果数据	模型适配判断
所估计的参数均达到显著水平	t值介于4.495—211.826	是
潜在变量的组合信度>0.6	.858—.903	是
潜在变量的平均方差抽取量>0.5	.512—.643	是

检验结果表明，一阶验证性因素分析模型的基本适配度指标均达到检验标准，说明模型界定良好，没有违反模型辨认规则。在整体模型适配度的检验方面，绝对适配指标、增值适配指标与简约适配指标统计量中，所有适配指标值均达模型可接受标准，卡方自由度比为1.568<2.00，显著性概率值p=.636>.05，接受虚无假设，表示假设模型与样本数据的适配情况良好，即模型的外在质量佳，测量模型的收敛效度佳。在假设模型内在质量的检验方面，所有指标值均达到标准，模型的内在质量佳。

总之，验证性因素分析结果支持上文的探索性因素分析结果，学生认知发展、社会性发展的各个测量指标具备良好的收敛效度，进一步肯定了“学生发展”这部分问卷的结构效度。

（2）学生科研参与与其发展之间的相关性分析

通过相关性分析可以发现，无论是在参与次数还是参与时间上，学生在科研活动中的参与程度与其认知发展（包括思维及语言能力发展、元认知能力发展）、社会性发展（包括自我认识能力发展、社交与情绪管理能力发展）之间存在显著正相关（如表3-10）。这表明学生越多地参与科研活动，越能体会到自身认知水平及社会性能力的提升。由此，“学生科研参与与其发展存在显著相关”这一研究假设得到了验证。

表3-10 学生科研参与与其各方面发展之间的相关性分析

	学生认知发展		学生社会性发展	
	思维及语言能力发展	元认知能力发展	自我认识能力发展	社交与情绪管理能力发展
科研参与次数	.144**	.084**	.068**	.139**
科研参与时间	.127**	.176**	.142**	.139**

**：在.01水平（双侧）上显著相关。

* ：在.05水平（双侧）上显著相关。表中使用Spearman相关。

（3）学生科研参与对其发展影响的分析

根据阿斯汀的学生参与理论，大学生在有意义的活动中投入的时间和精力越多，他们从大学经历中所得到的收获就越大。学生参与理论自创立以来，引发了后续海量的实证研究和讨论。多数研究结果表明，学生参与对学生发展有积极的影响，有时这种影响是通过学生就读满意度这一中介变量实现的，即学生参与度的提高会带来就读满意度的提升，从而最终促进学生发展。在形式多样的学生课内外参与活动中，科研参与是一种兼具学术性和社会性教育意义的重要参与形式。国内外学者对科研参与效能的评估结果大多表明，学生参与科研活动对其自身认知水平及社会性能力的发展均有帮助。

上文相关分析结果表明，学生在科研活动中的参与度与其感受到的自身各方面发展都呈显著正相关，这一结果初步佐证了前人已有研究结论。由于传统的多元线性回归分析只能提供变量间的直接影响关系，为进一步探究学生科研参与、学生满意度与学生发展之间的直接、间接以及总的影响关系，需要运用结构方程模型来对研究假设进行检验。下面将利用混合模型的路径分析来估计学生科研参与对其个体发展的直接效应、间接效应和总效应。

根据国内外已有相关理论及文献研究结果，以学生科研参与作为外因观察变量，以学生满意度作为中介变量，以学生各方面发展作为内因潜在变量[①]，在Amos软件中绘制混合模型路径分析的假设模型图。如图3-2所示。

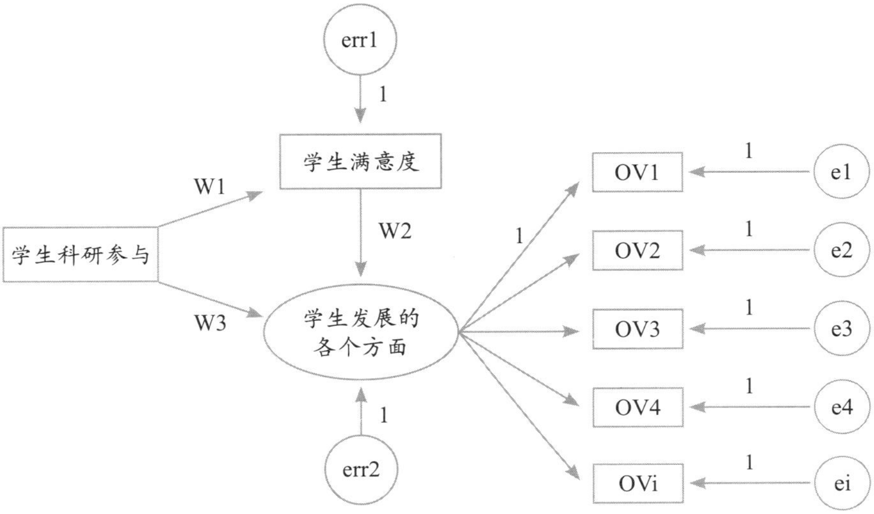

图3-2 混合模型的路径分析图

表3-11为路径分析整体模型的适配度检验。检验结果表明，绝对适配指标、增值适配指标与简约适配指标统计量中，模型一、二、三的所有适配指标值均达模型可接受标准。这表示这三个假设模型与样本数据的适配情况均为良好，即模型的外在质量佳，其中模型二的质量最佳。模型四部分适配度指标未达标准，表明相较于其他三个模型，该模型外在质量欠佳，拟合度或解释力较弱。

① 学生志愿活动参与=1表示上大学以来至少参加过1次科研项目，=0表示上大学以来没有参加过科研项目。学生满意度指学生对学校总体的满意度，由低到高分为5个层级。学生各方面发展指学生在思维及语言能力、元认知能力、自我认识能力、社交与情绪管理能力等方面的自我发展体验和评价，具体的测量指标变量见前文因素分析结果。下文中的模型一、二、三、四分别对应内因潜在变量为思维及语言能力发展、元认知能力发展、自我认识能力发展、社交与情绪管理能力发展。

表3-11 路径分析模型检验结果

统计检验量（适配标准）		RMSEA（<.08）	NFI（>.90）	IFI（>.90）	NNFI（>.90）	CFI（>.90）	PNFI（>.50）	CN（>200）
检验结果数据	模型一	.078	.919	.921	.905	.921	.515	208
	模型二	.073	.976	.978	.952	.978	.553	300
	模型三	.081	.913	.916	.904	.916	.528	223
	模型四	.855	.905	.918	.897	.918	.495	192

表3-12的模型估计结果表明，四个模型中除了“科研参与”对“学生满意度”的路径系数未达显著外，其他两条路径系数均显著地为正。其中，“科研参与”对“学生发展”的路径系数（即标准化回归系数）分别为0.162、0.128、0.110和0.149。这表示“科研参与”对学生各方面发展的直接影响效果为正，且均达到0.001的显著性水平，标准化回归系数符号与原先理论假设模型相符合。由此，可以得到一个比较清晰的判断，即学生参与科研活动对其自我发展评价有显著的积极影响。相对于未参与科研活动的学生，参与科研活动的学生对自身各方面发展的体验和评价显著更高，即在参与科研活动的过程中，学生更为明显地感受到自身认知水平以及社会性能力的提升。此外，通过对比各模型中“科研参与”对“学生发展”的路径系数值（模型四除外），可以发现，学生在参与科研活动中，最能感受到自己的思维及语言能力的发展，其次是元认知能力的发展，最后是自我认识能力的发展。

表3-12 路径分析模型估计结果

学生发展＝思维及语言能力发展（模型一）				
	非标准化回归系数	标准误	t值	标准化回归系数
学生满意度←科研参与	.005	.043	.106n.s.	.002
学生发展←学生满意度	.207	.015	14.254***	.282
学生发展←科研参与	.270	.032	8.426***	.162

[续表]

学生发展=元认知能力发展（模型二）				
	非标准化回归系数	标准误	t值	标准化回归系数
学生满意度←科研参与	.006	.043	.136n.s.	.003
学生发展←学生满意度	.201	.015	13.138***	.265
学生发展←科研参与	.221	.033	6.625***	.128
学生发展=自我认识能力发展（模型三）				
	非标准化回归系数	标准误	t值	标准化回归系数
学生满意度←科研参与	.004	.043	.103n.s.	.002
学生发展←学生满意度	.176	.014	12.109***	.259
学生发展←科研参与	.170	.030	5.579***	.110
学生发展=社交与情绪管理能力发展（模型四）				
	非标准化回归系数	标准误	t值	标准化回归系数
学生满意度←科研参与	.005	.043	.120n.s.	.002
学生发展←学生满意度	.205	.017	12.4169***	.242
学生发展←科研参与	.288	.037	7.7529***	.149

n.s.p>.05　　***p<.001

表3-13呈现的是“科研参与”对“学生各方面发展”影响的标准化直接效应值、间接效应值以及总效应值。不少已有研究结果表明，学生参与对其自身发展的积极影响在一定程度上是通过学生满意度这一中介变量实现的，即学生参与度的提高会带来就读满意度的提升，从而最终促进学生发展。但本研究结果表明，“科研参与”对“学生满意度”的影响非常微弱，未通过显著性检验；“科研参与”对“学生各方面发展”影响的标准化直接效应值与总效应值几乎相等，间接效应值可以忽略不计。不过，这并不能掩盖“学生满意度”对“学生各方面发展”的直接、显著、积极的影响，甚至这种影响程度超过了“科研参与”对“学生各方面发展”的直接影响。这说明“学生满意度”是影响学生自我发展评价的一个重要因素，只是学生参与科研活动对提升其就读满意度收效甚微。

表3-13 科研参与对学生各方面发展的影响：直接、间接及总效应

	思维及语言能力发展（模型一）	元认知能力发展（模型二）	自我认识能力发展（模型三）	社交与情绪管理能力发展（模型四）
直接效应	.162	.128	.110	.149
间接效应	.000	.001	.001	.000
总效应	.162	.129	.111	.149

注：总效应=直接效应+间接效应；直接效应为图3-2中的标准化路径系数W3，间接效应为图3-2中的标准化路径系数W1＊W2。

总之，结构方程模型分析结果表明，学生参与科研活动对其自身认知水平及社会性能力的发展均有帮助。这一分析结果不仅再次印证了上文相关分析结果，而且与国内外已有研究结论较为一致①。由此，“学生科研参与对其发展有显著性影响”这一研究假设得到了验证。

（4）不同背景学生参与科研对其自身发展影响的差异分析

由上文路径分析结果可知，学生在参与科研活动中确实感受到自身各方面的发展，或者说学生参与科研对其发展有显著性影响。为进一步探讨这种积极影响在不同学生群体之间是否存在显著性差异②，需要运用多群组路径分析，在不同背景学生群体之间进行“科研参与”对“学生发展”的路径系数恒等性检验。这里的“不同背景学生群体”指不同性别、年级、专业、学业成绩排名、学生干部经历、毕业期望的学生③。

① 欧内斯特·帕斯卡瑞拉和帕特里克·特伦兹尼对美国1967—2003年间发表的5000余篇文献做了综述性研究。研究发现，大学生参与丰富多彩的课内外活动，对其自身认知及社会性发展均有助益。其中，学生参与科研活动，尤其是与教师、同辈合作科研，会对学生各方面发展产生积极影响。

② 在中国高等教育进入后大众化时代，大学生群体的多样性、异质性程度明显上升，因此有必要研究不同背景特征大学生参与科研对个人发展影响的差异。

③ 性别=1表示男生，=2表示女生；年级=1表示一年级，=2表示二年级，=3表示三年级，=4表示四年级；专业=1表示文科，=2表示理科；学业成绩排名=1表示排名在前50%，=2表示排名在后50%；学生干部经历=1表示无，=2表示有；毕业期望=1表示不明确，=2表示就业或创业，=3表示读研。

由于多群组分析是检验假设模型在不同样本群体间是否具有恒等性的，因此用于多群组分析的假设模型图应该与上文的混合模型路径分析图（图3-2）相同，这里就不再呈现。

表3-14 不同背景学生群体之间路径系数差异的临界比值[①]

	模型一（内因变量=思维及语言能力发展）	模型二（内因变量=元认知能力发展）	模型三（内因变量=自我认识能力发展）	模型四（内因变量=社交与情绪管理能力发展）
性别	.111	–.812	–.065	–.437
年级				
一年级&二年级	.685	.826	.481	–.994
一年级&三年级	.450	.182	.794	–.521
一年级&四年级	.367	.033	.375	–1.299
二年级&三年级	–.382	–.815	.297	.661
二年级&四年级	–.427	–2.534	–.162	–.346
三年级&四年级	–.088	–.190	–.536	–1.070
专业	1.255	1.200	.993	.534
学业成绩排名	1.416	–.287	–.840	–.273
学生干部经历	–1.167	.975	.917	1.975
毕业期望				
不明确&就业或创业	.815	–1.066	–.664	.369
不明确&读研	–.267	–1.240	–.960	–.156
就业或创业&读研	–2.341	–.335	–.622	–1.011

注：多群组路径分析整体模型的适配度检验结果表明，在性别、年级等任一背景维度下，模型二的所有适配指标值均达到模型可接受标准，而模型四的大部分适配指标值未达到模型可接受标准。从模型的外在质量评价来说，模型二最佳，其次是模型一和模型三，模型四最差。

表3-14呈现的是不同背景学生群体之间路径系数差异的临界比值。依据统计法则，如果临界比值大于1.96，不同背景学生群体之间的路径系数存在显著性差异。这表示不同背景学生群体对科研参与的效能有明显不同

① 路径系数指路径分析中“科研参与”对“学生发展”的标准化回归系数，表示“科研参与”对学生各方面发展的标准化直接影响效果。路径系数差异的临界比值（Critical Ratios for Differences between Parameters）指不同背景学生群体的路径系数间的差异值除以差异值的估计标准误。

的体验和评价，或者说学生参与科研对其发展的影响在不同背景学生群体之间存在显著差异。反之，如果临界比值小于1.96，则表示不同背景学生群体之间的路径系数无显著性差异，可视为相等。这说明不同背景学生群体从科研参与中体会到的个人发展并无多少不同，或者说学生参与科研对其各方面发展的影响在不同背景学生群体之间不存在显著差异。由表3-14可知，在模型一的毕业期望背景维度下，就业或创业学生群体与读研学生群体路径系数差异的临界比值绝对值大于1.96。这表明相对于毕业后计划读研的学生群体，毕业后打算就业或创业的学生群体从科研参与中更为明显地感受到自身思维及语言能力的提升。在模型二的年级背景维度下，二年级与四年级学生群体路径系数差异的临界比值绝对值大于1.96。这表明相对于四年级学生，二年级学生从科研参与中更为明显地感受到自身元认知能力的提升。在模型四的学生干部经历背景维度下，有、无学生干部经历学生群体路径系数差异的临界比值大于1.96。这表明相对于未担任过学生干部的学生，担任过学生干部的学生从科研参与中更为明显地感受到自身社交与情绪管理能力的提升。因此，关于参与科研对自身发展的影响，不同年级、不同学生干部经历、持有不同毕业期望的学生对此有不同的体验和评价，或者说学生参与科研对其发展的影响在不同年级、不同学生干部经历、持不同毕业期望的学生之间存在显著差异。

与此相对的是，在性别、专业、学业成绩排名这三个背景维度的相应四个模型中，路径系数差异的临界比值均小于1.96。这表明不同性别、专业、学业成绩排名学生之间的“科研参与”对“学生发展”的路径系数可视为相等，两个群体的路径系数有组间恒等性存在。恒等性检验结果说明，不同性别、专业、学业成绩排名的学生从科研参与中体会到的个人发展并无多少不同，或者说学生参与科研对其各方面发展的影响在不同性别、不同专业、不同学业成绩排名的学生之间不存在显著差异。这一分析结果与国外已有研究有所不同。有研究通过对比理科、社会科学以及人文科学的学生，发现不同专业学生从科研活动中体会到的个人发展在具体内容和可持续性方面存在显著差异[①]。

总之，结构方程模型分析结果表明，学生参与科研对其各方面发展的影响在不同年级、不同学生干部经历、不同毕业期望的学生之间存在显著差异，在不同性别、不同专业、不同学业成绩排名的学生之间不存在显著差异。由此，“不同背景学生参与科研对其自身发展的影响有显著性差异”这一研究假设得到了部分验证。

五、研究结论与建议

本研究在回顾本科生科研参与相关实证研究的基础上，利用一所案例高校的问卷调查数据，对本科生科研参与的现状、前因及效果进行了深入的实证研究。综合统计分析、计量回归分析以及结构方程模型分析结果，得出以下研究结论。

1. 大学生在各类科研活动中的整体参与度偏低。究其原因，一方面学生缺乏参与科研的兴趣与能力，另一方面学校对学生科研活动的组织与管理不力。

2. 大学生科研参与的影响因素包括：性别、年级、专业、学业成绩、学生干部经历、个人毕业期望以及校园人际互动频率等，其中年级因素最明显。相较而言，男生、高年级学生、理科学生、学业成绩好的学生、担任过学生干部的学生以及毕业后打算读研的学生，科研参与度更高。与一些已有研究结论不同，本研究发现家庭背景特征并不构成学生科研参与的显著影响因素。这表明大学生参与科研活动主要是一种自发的个体行为，实质上并不受家庭经济、文化背景的约束。

① CRANEY C, et al. Cross-discipline perceptions of the undergraduate research experience [J]. The Journal of Higher Education, 2011(1): 93-113.

3. 大学生参与科研活动对个体认知水平及社会性能力的发展均有明显帮助。学生越多地参与科研活动，越能体会到自身认知水平及社会性能力的提升。相较而言，在参与科研活动的过程中，学生最能感受到自己的思维及语言能力的发展，其次是元认知能力的发展，最后是自我认识能力的发展。在传统上，人们认为，学生参与科研活动首先应该是提升其认知水平，本研究再次验证了这一传统认识。除此之外，学生参与科研活动对提升自我认识能力也有帮助，而大学生在就读期间最核心的发展任务就是认识自我、了解自我、建立自我认同。所以，本研究实证分析结果也促使我们重新思考和评估学生科研参与的价值、功能。

4. 大学生参与科研活动对个体发展的影响在不同年级、不同学生干部经历、持不同毕业期望的学生之间存在显著差异，在不同性别、不同专业、不同学业成绩排名的学生之间不存在显著差异。具体而言，相对于毕业后计划读研的学生群体，毕业后打算就业或创业的学生群体从科研参与中更为明显地感受到自身思维及语言能力的提升。相对于四年级学生，二年级学生从科研参与中更为明显地感受到自身元认知能力的提升。相对于未担任过学生干部的学生，担任过学生干部的学生从科研参与中更为明显地感受到自身社交与情绪管理能力的提升。

上述研究结论引发我们进一步思考：如何让更多的大学生参与科研活动并从中切切实实地收获成长？这是后大众化时代我国高校每一个教育工作者都无法回避的一个重要课题，因为能否提高学生在有意义的活动如科研活动中的参与度和收获度，是评估高等教育工作者工作价值的最重要指标。但是，就目前我国大学生科研活动的现状来看，无论是参与的高校，涉及的学科，还是参与的学生群体，大科生科研的覆盖面都比较窄，而且大部分高校将学生科研作为普通课余活动来管理，缺乏规范的组织与管理机制。因此，高校要推动大学生科研工作，在政策和实践层面遇到的阻力是十分显然的，以下建议或许可以为高等教育工作者提供些许参考。

首先，拓宽大学生科研参与的覆盖范围，提高整体参与度。本研究发现，科研参与行为在大学生群体内部有一定的分化，科研参与的主体是学业成绩更优秀以及社会活动经历更丰富的“精英”学生群体。如果要培育一所学校独特的学生科研文化，让全体学生最终受惠于此，就必须吸引更多学生尤其是鼓励广大普通学生积极参与科研活动。从未来创新型人才培养的前瞻性需求来看，大学生科研参与群体势必从“精英”过渡到“大众”，并最终达到普及化程度，而且普及化的层次最终也会从学生层面上升到学校层面。那么，具体到一所学校，如何激发学生的科研兴趣，提高学生在科研活动中的整体参与度？根本上要解决两个“不足”，即学生学习动机不足和教师指导学生科研的动力不足。无论一所大学对学生科研活动的组织管理多么制度化、规范化，学生科研基金多么庞大，如果不解决这两个“不足”，学生和教师都无法真心实意地投入到这一本可以互惠双方的活动中来，具有浓厚“育人”色彩的大学生科研文化也无法形成。但是，在我国目前高等教育管理中，存在种种制度瓶颈，譬如教师评价体系中缺乏对其指导学生科研的鼓励措施等。什么样的管理制度反映什么样的办学理念，如果大学的办学目标脱离学生全人发展和教师专业发展，那么，指望高等教育工作者突破制度约束，解决上述两个“不足”，几乎不可能实现。从这个意义上说，切实提高大学生整体的科研参与度，任重而道远。

其次，推进大学生科研活动的质量评估，特别是学生科研参与对其自身发展的效能评估。本研究发现，大学生科研参与效能是十分明显的，但在不同群体之间的差异也是显著的；科研活动的参与度不等于收获度，即使有了收获也不一定是均衡的、最大化的。高等教育工作者应在提升学生科研参与度的同时，更为注重对科研活动的效能进行评估。从评估结果中可以了解到，对特定的学生群体而言，什么样的科研活动形式是最适合的，投入多少时间、精力是最有效率的，教师提供怎样的个性化深度指导是最贴切的。如果说提高学生科研活动参与度是一个数量问题，要突破的是制度的约束，那么，提升学生在科研活动中的收获度，增强科研活动对学生发展的影响力则是一个质量问题，要突破的是技术障碍。目前，我国高校在学生科研监督机制和评估研究上的缺失已经不可避免地带来了一些问题，诸如大学生科研行为功利主义和形式主义色彩较浓，科研经费的使用效率较低，学生从科研参与中的收获较少等。未来，无论是科学研究层面，还是政策和实践层面，我国高等教育界都亟须对大学生科研活动的质量评估，特别是学生参与科研对其自身发展的效能评估。

六、研究局限与反思

本研究采用案例高校调查数据，且案例高校是地方所属一般本科院校，因此，研究结论只局限于样本学校，无法推广至其他地区、其他类型院校。

本研究调查工具采用自陈式量表，“科研参与”“学生发展”等核心变量的测量基于样本学生的自我报告。自陈式量表的前提是被调查者最了解自己并能如实报告自身情况，因此，就测量效度而言，自陈式量表不及标准化测验。但是，高等教育不同于基础教育，不同专业的学生四年学习经历和收获存在较大差异。虽然国外有少数调查采用标准测试型工具，希望通过标准化测验直接评估大学生发展及增值情况，但截至目前，绝大多数调查工具依然采用学生自陈式量表的形式。

大学生参与科研是师生间、同辈间有效互动从而获得个人成长的绝佳模式。本研究主要关注大学生科研参与的前因及效果，对大学生参与科研的过程，尤其是在合作科研过程中，老师和同辈们的影响机制，尚未涉及。对此，未来还需要更生态、更深入的实证研究。

> 大学存在的理由是，它使青年和老年人融为一体，对学术进行充满想象力的探索，从而在知识和追求生命的热情之间架起桥梁。
>
> ——怀特海

第四章

大学生志愿活动参与对其道德发展的影响

>> 本章在回顾个体道德发展理论以及大学生志愿活动参与相关研究的基础上，利用案例高校学生调查数据，对大学生志愿活动参与行为及其影响因素、大学生志愿活动参与行为与其道德发展之间的关系进行了深入的实证研究。

一、问题的提出

当前，参与形式多样的志愿服务活动愈来愈成为大学生校园生活特别是校外社会实践的重要组成部分。国内外大学生发展领域的研究和管理实践表明，作为一种重要的社会性参与，志愿活动参与对大学生的个人发展，特别是道德水平的发展有着不可替代的促进作用。在参与志愿服务活动的过程中，大学生的价值观、道德责任感以及判断力得以提升。但当前我国大学生在志愿服务活动中还存在着流于形式、急功近利等问题，大学生的道德发展受到转型社会道德价值体系的冲击，他们容易陷入道德迷茫的困境，大学生中的道德失范问题屡有发生。参与志愿服务活动是大学生道德实践以及高校德育管理的重要途径。那么，当前我国大学生在志愿活动中的参与度和收获度究竟如何？具体而言，当前大学生参与志愿活动的现状如何？不同背景大学生在志愿活动参与行为上是否存在差异？影响大学生参与志愿活动的具体因素有哪些？大学生参与志愿活动对其道德发展是否有促进作用？如果有，这种促进作用在不同学生群体之间是否存在差异？

基于对上述问题的思考和回应，本章在回顾个体道德发展理论以及大学生志愿活动参与相关实证研究的基础上，利用案例高校学生调查数据，对大学生志愿活动参与行为及其影响因素、大学生志愿活动参与行为与其道德发展之间的关系进行了全面、深入的实证研究。本研究中，“志愿活动参与”指普通高校全日制本科生在就读期间参与的旨在为他人、为社区、为组织、为社会提供各类无偿服务的志愿性质的活动，例如参与支教、社区服务、环保及其他各种校内外公益实践活动。在国外，旨在为社区提供无偿服务的服务性学习（Service Learning）是大学生志愿活动参与的主要形式。对“志愿活动参与”这一核心变量的度量包括是否参与、参与的时间及频率。本研究中，“道德发展”指本科生在就读期间，在社会化过程中，例如参与各种志愿活动的过程中，个体逐渐习得道德准则并以这些准则指导自己行为的过程。对该变量的度量，一方面采用学生自陈其在参与志愿活动的过程中个人道德认知能力的变化情况，另一方面采用道德量表测量学生的道德发展水平。研究大学生志愿活动参与行为对其道德发展的影响，有助于丰富大学生的就读经验，提高高等教育人才培养质量。

二、文献述评

1. 个体道德发展：理论解释及实证研究

所谓道德是指为社会大多数人所接受的一套行为准则，而道德发展则是在社会化过程中个体逐渐习得道德准则并以这些准则指导自己行为的过程。从心理学的角度探寻个体道德发展的过程和规律，美国著名发展心理学家劳伦斯·科尔伯格（Lawrence Kohlberg）的研究极具代表性和影响力。在继承让·皮亚杰（Jean Piaget）的道德发展理论的基础上，科尔伯格指出道德认知发展是个体道德发展的核心，阐述了个体在不同阶段的道德认知特点，从而提出著名的道德推理阶段理论。

依据科尔伯格的道德推理阶段理论，个体的道德推理经历由低到高“三水平六阶段”的发展[①]；当道德认知产生冲突时，个体的道德判断、推理的认知结构发生重组，形成更高水平的认知结构，这是个体道德认知发展的一般机制；道德认知发展的核心是道德判断力的发展，个体道德认知发展到较高水平，意味着个体不再将他人的标准作为道德判断的标准，而是独立地做出道德评判，道德判断的核心准则是社会“正义”原则（ethic

① “三水平六阶段”：科尔伯格认为个体的道德推理发展经历三种水平，即前习俗道德水平（Preconventional morality）、习俗道德水平（Conventional morality）以及后习俗道德水平（Postconventional morality）。而上述每种水平又都包括两个阶段，因此共六个阶段。

of justice）。

科尔伯格的道德推理阶段理论引发并推动了对道德认知特别是道德判断力的测量。在诸多的测量工具中，科尔伯格的“道德判断访谈法”（Moral Judgment Interview，简称MJI），詹姆斯·莱斯特（James Rest）的“限定问题测验”（Defining Issues Test，简称DIT）以及乔治·林德（Georg Lind）的“道德判断测验”（Moral Judgment Test，简称MJT）具有一定的代表性[①]。科尔伯格的MJI，通过个别谈话，采用开放型问题，让被试对两难故事进行开放式的自由陈述；根据评分细则为个体两难故事的回答进行打分。MJI率先引用测量思想，但评分细则过多，主试难于操作，更适用于个体施测。莱斯特的DIT从科尔伯格的个别谈话法中引申出来，同时利用了科尔伯格的部分道德两难故事，结合道德发展阶段理论改制而成。DIT先将道德发展各阶段的典型观点用问题方式写出来，呈现给被试，让他们对这些观点加以评价，从而将被试的道德推理水平量化为具体的分数，然后进行比较；DIT操作更为标准，可以用于团体测量，更具有推广价值。林德的MJT同时测量道德情感因素和道德认知因素，既考察被试对道德情境故事中主人翁的行为是赞成还是反对，也考察被试对正面或反面观点是接受还是不接受；MJT具有较强的操作性和可信度，中文版量表已通过跨文化效度验证。

道德发展理论与道德测量工具的完善推进了高等教育领域内对大学生道德发展水平及其影响因素的研究。多数研究[②]表明大学生道德发展规律符合科尔伯格的道德推理阶段理论，即随着年龄的增长和教育程度的提高，大学生的道德认知水平不断提升。例如，有研究发现，大学就读经历能促进大学生道德水平的提升，具体表现为大学生在就读期间逐渐减少习俗道

① NANCY J E, et al. Student development in college: theory, research, and practice [M]. San Francisco: Jossey-Bass, 1998, 10.

② 国内关于大学生道德发展的实证研究较为缺乏，且质量参差不齐，这里主要综述国外相关研究。

德水平的推理判断方式，逐渐增加后习俗道德水平的推理判断方式[①]。在影响大学生道德发展水平的诸多因素中，学生背景特征和院校环境特征是最主要的因素。学生背景特征包括年龄、种族、性别、性取向、智力、宗教信仰、社会经济地位以及个性特征等。院校环境特征包括院校的类型、专业设置、课程设置、教学方法以及社区服务项目等[②]。就院校环境特征这一影响因素而言，已有研究表明，相较于其他类型的院校，文理学院对学生道德发展的影响更加显著；在院校内部，富于教育意义的课程教学和课外活动对提升学生道德水平有显著影响，例如合作学习、实践性学习[③]、服务性学习、体育活动参与、校外兼职、与教师的互动等[④]能促进学生的道德发展。

2. 大学生志愿活动参与：相关理论及实证研究

根据美国高等教育领域知名学者、教育心理学家亚历山大·阿斯汀的学生参与理论，志愿活动参与是大学生社会性参与、获得个人发展的重要途径。阿斯汀通过一系列实证研究支持了这一论断。旨在为社区提供无偿服务的服务性学习是大学生参与志愿活动的重要表现形式。阿斯汀采用美国42所大学的3450名本科生的调查数据，实证分析参与社区服务对本科生的影响。研究发现，在控制了学生背景特征以及院校环境特征之后，参与社区服务这一服务性学习形式非常有助于本科生提高学业成绩、生活技能和公民责任感，而且他们参与、投入的时间越多，获得

① KING P M, MAYHEW M J. Moral judgment development in higher education: insights from the defining issues test [J]. Journal of Moral Education, 2002, 31(3).

② 同①.

③ SMART J C. Higher education: handbook of theory and research: Volume XIX [M]. Dordrecht, Boston, London: Kluwer Academic Publishers, 2004.

④ PASCARELLA E T, TERENZINI P T, How college affects students: findings and insights from twenty years of research [M]. San Francisco: Jossey-Bass Publishers, 2005: 344-366.

的个人成长越大[①][②]。在另一项研究中，阿斯汀通过对美国22236名大学生的时序资料进行实证分析，发现大学生在参与社区服务活动中能收获认知与情感的发展；相对而言，女生、高中阶段参与过志愿活动的学生、领导力强的学生、拥有宗教信仰的学生在社区服务活动中的参与度更高[③]。珍妮特 · S. 艾勒（Janet S. Eyler）等人在总结1993—2000年间美国大学生服务性学习参与及个体发展相关研究时发现，大学生参与服务性学习总体上促进了学生的认知及社会性发展[④]。

国内关于大学生志愿活动参与的实证研究较少，仅有的研究主要围绕大学生志愿活动参与的现状、差异及影响因素展开。基于全国性的抽样调查研究发现，大学生中参与志愿服务活动的所占比例为30%—50%，有部分学生虽然有参与意愿，但因为种种原因最终没能参与；志愿活动参与度在不同性别、不同类型的高校学生之间有显著差异[⑤]。利用案例高校微观调查数据的研究发现，个人因素、他人因素以及制度因素会影响大学生在志愿服务活动中的参与。个人因素包括个人发展需求、参与动机以及学习成绩等；他人因素包括父母及朋辈影响；制度因素来源于志愿组织、社会、高校等相关管理制度。高年级学生、学业成绩更好的学生、高中阶段参与过志愿活动的学生、朋辈中有人参与过志愿活动的学生、家庭所在地为城市

① ASTIN A W, LINDA J S. How undergraduates are affected by service participation [J]. Journal of College Student Development, 1998, 39(3): 251-263.

② ASTIN A W, SAX L J, AVALOS J. Long-term effects of volunteerism during the undergraduate years [J]. Review of Higher Education, 1999, 22(2): 187-202.

③ ASTIN A W, et al. How service learning affects students [R]. Higher Education Research Institute, UCLA, 2000.

④ EYLER J S, GILES D E, Jr, STENSON C M, et al. At a glance: what we know about the effects of service-learning on college students, faculty, institutions and communities, 1993-2000: Third Edition [J]. Vanderbilt University, 2001: 109.

⑤ 王泓，邓清华. 大学生志愿服务活动：参与状况与长效机制的构建——基于全国性大型问卷调查的思考 [J]. 中国青年研究，2012(8)：46-50.

的学生参与到志愿服务活动中的可能性更大[①][②]。

3. 大学生志愿活动参与对其道德发展影响的研究

前文通过对国外相关文献进行综述，发现以服务性学习为主要形式的志愿活动参与是影响大学生道德发展水平的重要因素，有利于培养大学生的价值观、责任感以及判断力。依据科尔伯格的道德推理阶段理论，大学生参与志愿活动对其道德发展的影响及作用机制是，大学生在参与志愿服务的过程中，有更多机会接触到真实的社会情境，当社会情境中蕴含道德两难、价值冲突时，个体的道德认知将会产生冲突，个体道德判断、推理的认知结构发生重组，更高水平的道德认知结构逐渐形成，大学生的整体道德发展水平最终得以提升。

关于大学生参与志愿活动能否以及如何影响其道德发展，在国外的实证研究中，主要是通过准实验设计来完成的；具体而言，运用莱斯特的DIT等多种道德测量工具，通过实验前测及后测，对参与和未参与志愿活动的两组学生的道德发展水平进行测量。

从实证研究的结果来看，不同研究报告的结果不尽相同。有研究发现，大学生参与服务性学习这一重要的志愿服务活动对其道德发展有促进作用[③][④]。也有研究表明，参与和未参与服务性学习的两组学生在道德发展

① 李国武. 大学生对志愿活动的参与及影响因素——来自某高校抽样调查的发现 [J]. 北京青年政治学院学报，2010(3)：11-18.

② 韩晶. 当代大学生参与志愿服务的障碍研究 [J]. 青年研究，2003(1)：45-49.

③ BOSS J A. The effect of community service on the moral development of college ethics students [J]. Journal of Moral Development, 1994, 23(2): 183-198.

④ GORMAN M. Service experience and the moral development of college Students [J]. Religious Education, 1994, 89(3).

水平上并没有显著差异[①②③]。

国内关于大学生志愿活动参与的实证研究主要围绕志愿活动参与的现状、差异及影响因素展开，极少涉及志愿活动参与对大学生发展特别是道德发展的影响。基于以上综述，本研究在回顾个体道德发展理论以及大学生志愿活动参与相关实证研究的基础上，利用案例高校学生调查数据，对大学生志愿活动参与行为及其影响因素、大学生志愿活动参与行为与其道德发展之间的关系进行了全面、深入的实证研究。

三、数据与研究方法

1. 分析框架与研究方法

在回顾个体道德发展理论及大学生志愿活动参与先行研究的基础上，本研究将围绕大学生志愿活动参与及其影响因素、大学生志愿活动参与对其道德发展的影响展开具体的实证分析。实证分析的主要内容包括：(1) 学生志愿活动参与的现状分析。(2) 不同背景学生志愿活动参与的差异分析。(3) 学生志愿活动参与的影响因素分析。(4) 学生道德发展水平的现状分析。(5) 学生志愿活动参与对其道德发展影响的分析。(6) 不同背景学生参与志愿活动对其道德发展影响的差异分析。实证分析框架图见图4-1。

① CRAM S B. The impact of service learning on moral development and self-esteem of community college ethics students, unpublished dissertation, University of Iowa, 1998.

② FENZEL L M, LEARY T P. Evaluating outcomes of service-learning courses at a parochial college [C]. paper presented at the Annual Meeting of the American Educational Research Association, Chicago, IL, 1997.

③ GREENE D P. Moral reasoning, student development, reciprocity and quality of life in a service learning experiment, unpublished dissertation, Colorado State University, 1996.

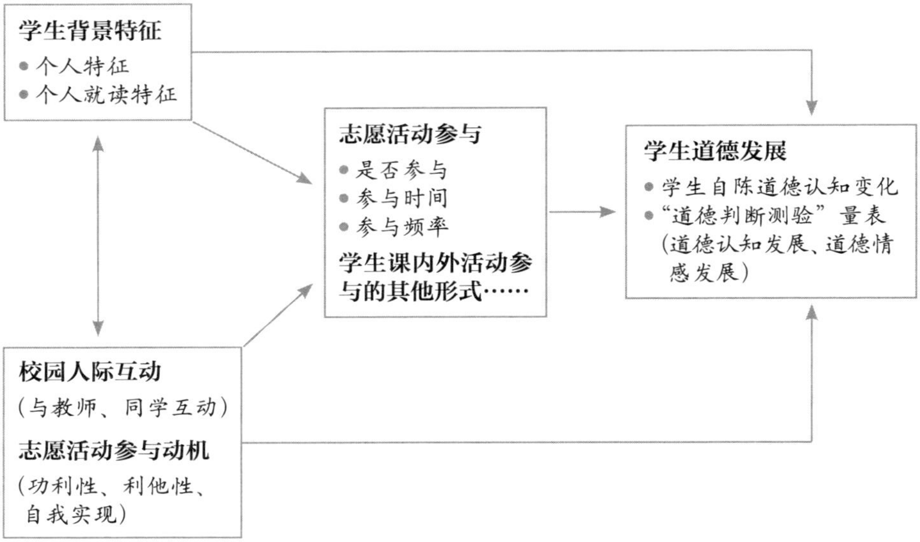

图4-1 实证分析框架图

本研究实证分析部分采用传统统计、计量回归以及结构方程模型①相结合的方法。其中，统计分析包括统计描述、均值比较、方差分析等。计量回归分析主要包括逻辑斯特回归分析。而结构方程模型的运用，主要体现在利用路径分析，探讨学生参与志愿活动对其道德发展是否有显著的正的影响，如果有，这种影响在不同学生群体之间是否存在差异。实证分析采用的统计软件包括SPSS18.0以及AMOS7.0。

2. 数据来源与样本特征

本研究数据来自北京市两所案例高校的两项学生问卷调查。

数据1与第三章研究数据相同，来自2012年对北京地区一所案例高校

① 结构方程模型（Structural Equation Modeling，简称SEM）是当代行为与社会领域量化研究的重要统计方法，对各种多自变量、多因变量的因果模型可以进行模型辨识、估计和验证。

（下文简称A校）的2766名本科生进行的一项关于学风状况的问卷调查。A校是北京市属一般本科院校，共有3个校区，学校现有全日制本科生约10000人，教职工1300余人，其中专任教师700余人。全校共有9个学院，以工科为主，兼有文理学科，以培养应用型人才为主。此次调查工具为研究者自编问卷，问卷主要包括三部分：学生基本背景信息、学生课内外活动参与、学生发展及满意度。本次问卷调查在抽样框（学生总体分布及名录）的基础上，采取严格的多阶段分层随机抽样与比例抽样相结合的方法，共发放问卷3500份，实际回收2766份，问卷回收率为79%。样本学生来自全校9个学院，男生占57.8%，女生占42.2%。通过对数据1进行分析，可以了解A校学生志愿活动参与的现状如何，有何差异，影响学生参与志愿活动的因素有哪些。

数据2来自2012年对北京地区一所案例高校（下文简称B校）的396名本科生进行的一项关于本科生志愿活动参与及道德发展的问卷调查。B校是教育部直属的一所985院校，学校现有全日制本科生20000余人，教职工3100余人，其中专任教师2000余人。全校共有学院30余个，以教师教育和文理基础学科为主要特色。此次调查工具为研究者自编问卷，问卷主要包括三部分：学生基本背景信息、学生志愿活动参与、学生道德发展[①]。本次问卷调查在抽样框（全校学生宿舍楼分布）的基础上，采取整群抽样，共发放问卷500份，实际回收396份，问卷回收率为79%。通过对数据2进行分析，不仅可以了解B校学生志愿活动参与情况，而且可以了解B校学生道德发展水平的现状如何，学生志愿活动参与对其道德发展是否有影响，如果

① 对学生道德发展的测量采用林德的“道德判断测验”（Moral Judgment Test，简称MJT），该量表同时测量道德情感因素和道德认知因素，包含两个道德情境故事“工厂风波”和”医生的困境”。它既考察被试对道德情境故事中主人翁的行为是赞成还是反对，也考察被试对正面或反面观点是接受还是不接受。MJT具有较强的操作性和可信度，中文版量表已通过跨文化效度验证。

有，这种影响在不同学生群体之间是否存在差异。

3. 研究假设

根据个体道德发展理论及大学生志愿活动参与的相关实证研究结果，本文提出以下假设。

第一组假设：大学生志愿活动参与及其影响因素。

（1）不同背景大学生志愿活动参与存在显著性差异。

（2）大学生志愿活动参与影响因素包括个人特征以及院校环境特征。

第二组假设：大学生志愿活动参与对其道德发展的影响。

（3）大学生志愿活动参与对其道德发展有显著的正的影响。

（4）不同背景大学生参与志愿活动对其道德发展的影响有显著性差异。

四、研究结果

1. 大学生志愿活动参与及其影响因素

（1）学生志愿活动参与的现状分析

通过对学生志愿活动参与现状的描述统计进行分析，可以发现，总体而言，无论在参与时间还是参与频率上，B校学生在志愿服务活动中的参与程度都比A校学生高，B校样本学生中超过八成学生参加过志愿服务活动，而A校学生参与程度偏低，只有约一半学生参加过志愿服务活动。在参与志愿活动的学生中，两校均有超过八成学生平均每周投入1—5个小时用于志愿服务活动。两校样本学生在志愿服务活动中的参与度不同，这种差异可能源于两校样本学生数量的不同以及两校为学生提供的参与志愿活动的时空条件不同。

表4-1 学生志愿活动参与基本情况

		有效百分比	
		A校	B校
平均每周参与志愿服务活动的时间	0小时	48.5%	19.6%
	1—5小时	42.8%	68.6%
	6—10小时	5.6%	6.7%
	11—20小时	1.6%	1.8%
	20小时以上	1.5%	3.3%
参加志愿服务活动的频率	从未	46.9%	16.7%
	偶尔	42.6%	56.3%
	经常	8.5%	24.7%
	常常	2.0%	2.3%

(2) 不同背景学生志愿活动参与的差异分析[①]

表4-2 不同背景学生志愿活动参与的差异分析结果

学生背景特征			参与时间		参与频率	
			均值	F(t)值	均值	F(t)值
个人特征	性别	女	1.70 (.74)	3.217**	1.74 (.72)	5.512***
		男	1.61 (.82)		1.59 (.71)	
个人就读特征	年级	一年级	1.55 (.70)	11.150***	1.58 (.74)	14.088***
		二年级	1.78 (.84)		1.79 (.74)	
		三年级	1.63 (.78)		1.67 (.68)	
		四年级	1.62 (.81)		1.56 (.68)	

① 相较于A校数据，B校数据中志愿活动参与时间、参与频率等变量的缺失值相对更高，因此本研究中大学生志愿活动参与的差异及影响因素分析只采用A校数据。

［续表］

学生背景特征			参与时间		参与频率	
			均值	F（t）值	均值	F（t）值
个人就读特征	专业	文科	1.69 (.75)	2.125*	1.77 (.75)	5.831***
		理科	1.63 (.80)		1.60 (.69)	
	学业成绩排名	前10%	1.67 (.72)	4.782**	1.72 (.73)	5.013**
		11%—25%	1.66 (.72)		1.69 (.69)	
		26%—50%	1.68 (.81)		1.66 (.71)	
		51%—75%	1.70 (.87)		1.65 (.73)	
		后25%	1.46 (.78)		1.49 (.72)	
	学生干部经历	没有	1.57 (.74)	4.495***	1.56 (.66)	6.287***
		有	1.71 (.81)		1.73 (.75)	

注：（1）参与时间：=1表示平均每周参与志愿活动的时间为0小时，=2表示平均每周参与志愿活动的时间为1—5小时，=3表示平均每周参与志愿活动的时间为6—10小时，=4表示平均每周参与志愿活动的时间为11—20小时，=5表示平均每周参与志愿活动的时间为20小时以上；参与频率：=1表示从未参加志愿活动，=2表示偶尔参加志愿活动，=3表示经常参加志愿活动，=4表示常常参加志愿活动。（2）不同性别、不同专业、不同学生干部经历学生之间志愿活动参与的差异分析运用均值比较（采用t值），其他背景特征学生之间的差异分析运用方差分析（采用F值）。（3）表中括号内数字为标准差。（4）*<.05，**<.01，***<.001。（5）差异分析结果不显著的背景特征变量未列入表格。

①就个人特征而言，无论在参与时间还是参与频率上，不同性别学生的志愿活动参与存在显著差异，女生的参与度显著高于男生，这与国外多数实证研究的结果一致。为何女性在志愿活动中的参与度往往更高？美国著名伦理学家、心理学家卡罗尔·吉列根（Carol Gilligan）的“女性道德认知发展理论”可以较好地解释这一现象。吉列根认为，与男性不同，女性道德判断力发展的核心准则不是“正义”原则（ethic of justice），而是

“关怀”原则（ethic of care），参与志愿活动本质上是一种不求回报的关怀他人的利他行为，女性更倾向于参加此类活动，也在情理之中。

②就个人就读特征而言，无论在参与时间还是参与频率上，不同年级、专业、学业成绩、学生干部经历的学生其志愿活动参与存在显著差异。第一，在各年级学生中，二年级学生的志愿活动参与度最高，其次是三年级学生，相对而言，一年级和四年级学生志愿活动参与度较低。这可能是因为，一年级学生仍处于以课堂、教材为主的结构性学习阶段，四年级学生主要忙于求职、考研等事务，二、三年级学生参与志愿活动的意愿更强，时空条件相对更好。第二，从专业来看，无论在参与时间还是参与频率上，文科学生的志愿活动参与度高于理科学生。这种差异可能来自文、理科专业性质对学生学习形式、学习习惯、思维方式以及行为旨趣等的内在影响不同。譬如，理科专业更强调学生动手能力以及逻辑思维能力的训练，文科专业更注重培养学生对人、对社区、对组织和对社会问题的探究与思考。第三，从学业成绩排名来看，成绩越好的学生其志愿活动参与率越高，主要原因可能在于学业成绩好的学生更加学有余力。当然这里也可能存在着一定的互为因果关系，即志愿活动参与越多的学生成绩也越好。但是，从参与时间来看，学业成绩排名在51%—75%的学生志愿活动参与度最高。第四，从学生干部经历来看，学生干部与普通学生之间在志愿活动参与方面也有差异，相较于普通学生，学生干部的志愿活动参与度更高。由此得出，作为本科生中的“精英”，学生干部在课业学习以及志愿活动中的参与程度均高于普通学生。体现在学生干部身上的这种多重精英的“叠加效应”，其实折射出学生进入大学之后呈现的两极分化现象，忙的越忙，优秀的更加优秀。

综上所述，相对而言，女生、二年级学生、文科学生、学业成绩好的学生、担任过学生干部的学生，志愿活动参与度更高。由此，“不同背景大学生志愿活动参与存在显著性差异”这一研究假设得到了验证。

（3）学生志愿活动参与的影响因素分析

基于上述差异分析结果，影响大学生志愿活动参与的可能因素包括个人特征、个人就读特征等一系列学生背景特征。此外，根据国内外已有研究结论，大学生在就读期间的人际互动，尤其是与教师、同学的互动情况，以及学生志愿活动参与动机，都可能影响其志愿参与行为。为了解这些可能的因素是否会对学生的志愿活动参与产生显著性影响，如果会，具体影响程度是多少，需要建立影响学生志愿活动参与的因素分析模型：

$$(Vol)_{Logit} = \beta_0 + \sum \beta_{1i} X_i + u$$

变量说明：Vol为志愿活动参与（参与=1，未参与=0）；X_i代表学生背景特征、校园人际互动以及参与动机的一组虚拟变量；u为随机扰动项；β_0为截距项；β_{1i}为各项的回归系数。

表4-3 回归结果——学生志愿活动参与的影响因素分析

自变量			参与时间		参与频率	
			回归系数 B	机会比率 Exp (B)	回归系数 B	机会比率 Exp (B)
个人特征	性别	男				
		女	.465***	1.592	.514***	1.672
个人就读特征	年级	一年级				
		二年级	.377**	1.459	.354**	1.425
		三年级	—	—		
		四年级	–.361**	.697	–.659***	.517
	专业	文科				
		理科	—	—	—	—
	学业成绩排名	排名为后50%				
		排名为前50%	—	—	—	—
	学生干部经历	没有				
		有	—	—	—	—
校园人际互动	与教师互动频率		.127***	1.136	.158***	1.172
	与同学互动频率		.064**	1.066	.146***	1.157

[续表]

自变量		参与时间		参与频率	
		回归系数 B	机会比率 Exp (B)	回归系数 B	机会比率 Exp (B)
志愿活动参与动机	参与动机				
	为评优、入党、受表扬				
	为完成学校任务	—	—	—	—
	为帮助他人、回报社会	.746***	2.108	.526**	1.693
	为锻炼自己、增加阅历	.577***	1.781	—	—
	为获得幸福感、自我实现	.732***	2.079	.534**	1.706
常数项		–1.827***	.161	–2.342***	.096
Nagelkerke R^2		.223		.198	
样本量		2766		2766	

注：(1) 因变量：参与时间（=1表示平均每周参与志愿活动的时间为1小时及以上，=0表示平均每周参与志愿活动的时间为0小时）；参与频率（=1表示偶尔、经常、常常参加志愿活动，=0表示从未参加过志愿活动）。(2) “与教师（或同学）互动频率”：由低到高分成“从未、偶尔、经常、常常”四个级别。(3) Logistic回归；*<.05，**<.01，***<.001。(4) “—”表示该自变量未通过α=0.1显著性检验。

由回归分析结果可知，学生性别、所处年级、校园人际互动以及志愿活动参与动机，对学生是否参与志愿活动有显著性影响，或者说是决定学生是否参与志愿活动的影响因素。

从具体回归系数和机会比率可以进一步了解这些因素对学生志愿活动参与的影响程度。从性别来看，在其他条件相同的情况下，无论在参与时间还是参与频率上，女生比男生在志愿活动中的参与率明显更高，这与国外多数实证研究的结果一致。就参与时间而言，女生参与志愿活动的机会比率是男生的1.592倍；就参与频率而言，女生参与志愿活动的机会比率是男生的1.672倍。

如上文所述，女性在志愿活动中的参与率更高可以用吉列根的“女性道德认知发展理论”很好地解释。因为女性道德判断力发展的核心是“关怀”原则，而参与志愿活动本质上是一种不求回报的关怀他人的利他行为，因此，相较于男性，女性在志愿活动中的参与率往往更高。从年级来看，在其他条件相同的情况下，无论在参与时间还是参与频率上，二年级学生比其他年级学生在志愿活动中的参与率明显更高。就参与时间而言，二年级学生参与志愿活动的机会比率是一年级学生的1.459倍；就参与频率而言，二年级学生参与志愿活动的机会比率是一年级学生的1.425倍。从校园人际互动来看，在其他条件相同的情况下，无论在参与时间还是参与频率上，无论是与教师互动还是与同学互动，互动频率高的学生比互动频率低的学生在志愿活动中的参与率明显更高。

这也印证了国内外已有研究结论，即学生与教师、同辈的互动会对其志愿活动参与行为产生积极影响。从志愿活动参与动机来看，在其他条件相同的情况下，无论在参与时间还是参与频率上，秉持服务他人及发展自我这类参与动机的学生比持有功利动机的学生在志愿活动中的参与率明显更高。而且，通过对比各回归系数，可以发现，在所有影响学生志愿活动参与的因素中，参与动机是最明显的因素，或者说是影响学生志愿活动参与最强的一个因素。

个体行为在较大程度上受制于动机，这一结果也表明，在参加志愿活动的学生中，更多的学生是为了在利他的同时丰富自己，较少的学生是出于应付及功利目的。

综上所述，决定学生是否参与志愿活动的影响因素包括：学生性别、所处年级、校园人际互动以及志愿活动参与动机。

这一回归分析结果在较大程度上再次印证了上述差异分析结果。如果将校园人际互动作为院校环境特征的一个指标，那么“大学生志愿活动参与影响因素包括个人特征以及院校环境特征”这一研究假设基本得到了验证。

2. 大学生志愿活动参与对其道德发展的影响[①]

(1) 大学生道德发展水平的现状分析

本研究中对大学生道德发展水平的度量首先是让学生自陈其在参与志愿活动过程中个人道德认知能力的变化情况。通过对数据进行描述统计，可以发现，约87%的学生自陈其在参与志愿活动过程中个人的道德认知能力得到提高。这说明大部分样本学生能自我感知到参与志愿服务活动对个人认识道德准则并以这些准则指导自己的行为有积极作用。

为避免学生个人陈述结果偏差所导致的测量效度问题，本研究对大学生道德发展水平的度量还运用了林德的“道德判断测验”（MJT）量表。MJT同时测量道德情感因素和道德认知因素，既考察被试对道德情境故事中主人翁的行为是赞成还是反对，也考察被试对正面或反面观点是接受还是不接受。MJT量表采用C分数作为有效指标，C分数排除其他心理因素的影响，主要考察个人道德判断在多大程度上是根据其内心道德原则来确定的[②]。C分数范围为1—100，常被划分为以下几个等级：非常低（1—9），低（10—19），中等（20—29），高（30—39），非常高（40—49），极其高（50以上）[③]。通过对数据进行描述统计，可以发现，样本学生的平均C分数为26.6，说明样本学生的道德发展处于中等水平。表4-4是采用MJT量表测得的大学生道德情感分数，即样本学生在科尔伯格道德推理六个阶段[④]

① 由于A校数据缺少对道德发展水平的测量，而B校数据采用林德的MJT测量学生的道德发展水平，因此，本研究中大学生道德发展的现状分析、大学生志愿活动参与对其道德发展影响的分析只采用B校数据。

② GEORG L. An introduction to the Moral Judgment Test(MJT), University of Konstanz, Germany, 1999.

③ COHEN J. Statistical power analysis for the behavioral sciences [M]. 2nd ed. Hillsdale, NJ: Erlbaum, 1988.

④ 科尔伯格认为个体道德推理经历由低到高六个阶段：避免惩罚的服从阶段、相对功利主义阶段、寻求认可阶段、顺从权威阶段、法制观念阶段、价值观念阶段。

上的态度得分。统计结果表明，样本学生在第六阶段（价值观念阶段）的道德情感分数最高，在第二阶段（相对功利主义阶段）的道德情感分数最低。这说明样本学生道德判断时更关注个体内在的标准和良心约束，较少因为考虑自身利益去服从外在原则。

表4-4 大学生道德情感分数

道德推理阶段	第一阶段	第二阶段	第三阶段	第四阶段	第五阶段	第六阶段
道德情感分数	–1.87	–2.03	.19	2.50	3.24	3.76

（2）学生志愿活动参与对其道德发展影响的分析

关于大学生参与志愿活动对其道德发展是否有影响，国外多数研究表明，志愿活动参与是影响大学生道德发展水平的重要因素，对大学生的道德认知和道德情感发展有着积极的促进作用。上文描述统计分析结果表明，大部分样本学生能自我感知到在参与志愿活动过程中个人道德认知能力的提高；这一结果初步佐证了前人已有研究结论。为进一步检验大学生志愿活动参与对其道德发展是否有显著正影响以及具体的影响程度，根据已有相关理论及文献研究结果，以学生志愿活动参与作为外因潜在变量①，以学生道德发展作为内因潜在变量②，在Amos软件中绘制潜在变量路径分析的假设模型图。如图4-2所示。

① 外因潜在变量“志愿活动参与”包括三个指标变量：是否参与、参与频率及参与时间。其中，是否参与=1表示上大学以来参加过志愿活动，=0表示上大学以来没有参加过志愿活动；参与频率=4，3，2，1，分别表示上大学以来常常、经常、偶尔、从未参加志愿活动；参与时间=5，4，3，2，1分别表示上学期平均每周参与志愿服务活动的时间为20小时以上、11—20小时、6—10小时、1—5小时、0小时。

② 内因潜在变量“道德发展”包括两个指标变量：道德认知和道德情感。其中，道德认知以C分数作为有效指标；道德情感以样本学生在科尔伯格道德推理六个阶段上的态度得分作为有效指标。

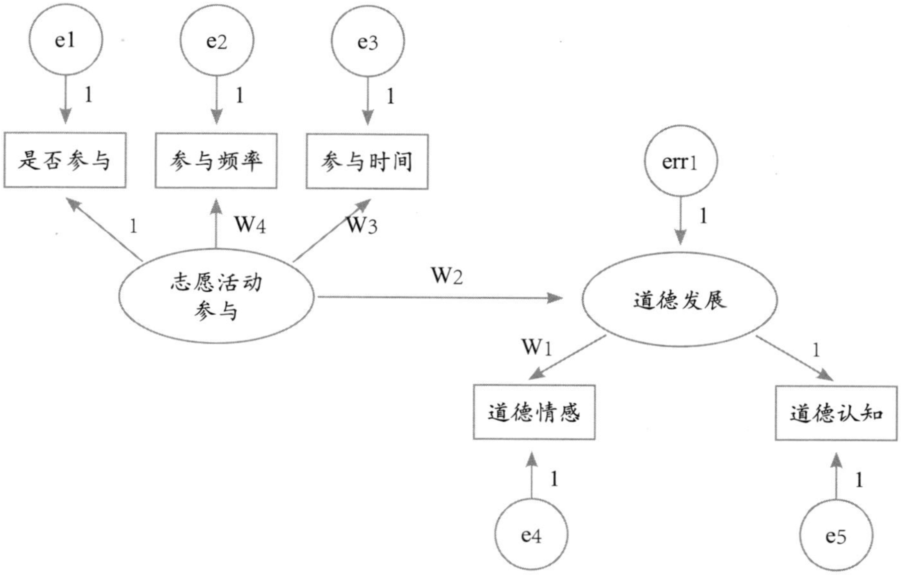

图4-2 潜在变量的路径分析图

表4-5为路径分析整体模型的适配度检验。检验结果表明，卡方自由度比值=1.538<2.00，RMSEA值=0.037<0.08，NFI值=0.959>0.90，IFI值=0.985>0.90，NNFI值=0.962>0.90，CFI值=0.985>0.90，CN值=609>200，适配度指标值均达到接受标准。这说明该假设模型与样本数据的适配情况良好，模型外在质量较好，假设模型可以被接受。

表4-5 路径分析模型检验结果

统计检验量（适配标准）	CMIN/DF（<2.00）	RMSEA值（<0.08）	NFI值（>0.90）	IFI值（>0.90）	NNFI值（>0.90）	CFI值（>0.90）	CN值（>200）
模型检验结果	1.538	0.037	0.959	0.985	0.962	0.985	609

表4-6为路径分析模型估计结果。指标变量“道德认知”和“道德情感”在潜在变量“道德发展”的因素负荷量分别为0.305和0.511；指标变量“是否参与”“参与时间”“参与频率”在潜在变量“志愿活动参与”的

因素负荷量分别为0.865，0.445，0.840。大部分因素负荷量介于0.5至0.95之间，表明研究中使用的各题项质量较好。模型估计结果中，“志愿活动参与”“道德发展”两个潜在变量的路径系数显著为正，表明样本学生参与志愿活动对其道德发展具有显著的积极影响，直接效果值为0.643。“志愿活动参与”对“道德发展”的解释变异量为41.3%。由此，“大学生志愿活动参与对其道德发展有显著的正的影响”这一研究假设得到了验证，这一结果也再次印证了前人已有研究结论。

表4-6 路径分析模型估计结果

	非标准化回归系数	标准误	t值	标准化回归系数	R^2
道德发展←志愿活动参与	13.252	3.950	3.355	0.643***	0.413
道德认知←道德发展	1.000	—	—	0.305	0.093
道德情感←道德发展	0.113	0.036	3.132	0.511**	0.262
是否参与←志愿活动参与	1.000	—	—	0.865	0.748
参与时间←志愿活动参与	1.078	0.135	7.976	0.445***	0.198
参与频率←志愿活动参与	1.822	0.156	11.687	0.840***	0.705

注：**<.01，***<.001；“—”表示该路径系数Amos默认为1，不予估计。

（3）不同背景学生参与志愿活动对其道德发展影响的差异分析

由上文路径分析结果可知，大学生参与志愿活动对其道德发展有显著的积极影响。为进一步探讨这种积极影响在不同学生群体之间是否存在显著性差异，需要运用多群组路径分析，在不同背景学生群体之间进行“志愿活动参与”对“道德发展”的路径系数恒等性检验。这里的不同背景学生群体，是指不同性别、年级、专业、学业成绩排名、学生干部经历、参与动机、高中时期志愿活动参与经历的学生。由于多群组分析是检验假设模型在不同样本群体间是否具有恒等性的，因此用于多群组分析的假设模型图应该与上文的潜在变量的路径分析图（图4-2）相同，这里就不再呈现。

表4-7呈现了不同背景学生群体之间路径系数差异的临界比值。路径系数差异的临界比值（Critical Ratios for Differences between Parameters）指不

同背景学生群体的路径系数间的差异值除以差异值的估计标准误。依据统计法则，如果临界比值绝对值小于1.96，表示不同背景学生群体之间的路径系数无显著性差异，可视为相等。这说明学生参与志愿活动对其道德发展的影响在不同背景学生群体之间不存在显著差异，或者说不同背景学生群体在志愿活动参与过程中，其道德水平的提升幅度并没有明显差异。如果临界比值绝对值大于1.96，则表示不同背景学生群体之间的路径系数存在显著性差异。这说明学生参与志愿活动对其道德发展的影响在不同背景学生群体之间存在显著差异，或者说不同背景学生群体在志愿活动参与过程中，其道德水平的提升幅度有明显差异。

由表4-7可知，在所有背景维度下，路径系数差异的临界比值绝对值均小于1.96。这表明不同背景学生群体之间的“志愿活动参与”对“道德发展”的路径系数可视为相等，不同群体的路径系数有组间恒等性存在。恒等性检验结果说明，不同性别、不同年级、不同专业、不同学业成绩排名、不同学生干部经历、不同参与动机、不同高中时期志愿活动参与经历的学生在志愿活动参与过程中，其道德水平的提升幅度并没有明显差异，或者说学生参与志愿活动对其道德发展的正的影响程度在不同背景学生群体之间不存在显著差异。由此，“不同背景大学生参与志愿活动对其道德发展的影响有显著性差异”这一研究假设未得到验证。

表4-7 不同背景学生群体之间路径系数差异的临界比值

		参与路径系数差异的临界比值时间
性别		–1.188
年级	一年级&二年级	–0.771
	一年级&三年级	1.076
	一年级&四年级	0.716
	二年级&三年级	1.562
	二年级&四年级	1.224
	三年级&四年级	–0.207
专业（文、理科）		0.343

［续表］

		参与路径系数差异的临界比值时间
学业成绩（前50%，后50%）		−0.976
学生干部经历（有、无）		−0.960
参与动机	功利性&利他性	1.103
	功利性&自我实现	0.833
	利他性&自我实现	−0.601
高中时期是否参与志愿服务活动		−1.001

注：功利性参与动机=“为评优、入党、受表扬”以及“为完成学校任务”；利他性参与动机=“为帮助他人、回报社会”；自我实现参与动机=“为锻炼自己、增加阅历”以及“为获得幸福感、自我实现”。

五、研究结论与建议

本文在回顾个体道德发展理论及大学生志愿活动参与先行研究的基础上，利用案例高校学生调查数据，对大学生志愿活动参与行为及其影响因素、大学生志愿活动参与行为与其道德发展之间的关系进行了深入的实证研究。综合统计分析、计量回归分析以及结构方程模型分析结果，得出以下研究结论。

1. 两所案例高校学生在志愿活动中的参与率不同。相较于A校样本学生50%的参与率，B校样本学生中80%以上参加过志愿活动，这一差异可能源于两校样本学生数量的不同以及两校为学生提供的参与志愿活动的时空条件不同。虽然参与率不同，但两校学生在志愿活动中的投入时间均呈现整体偏低水平。在参与志愿活动的学生中，两校均有超过八成学生平均每周只投入1—5个小时用于志愿活动。这一结果从一定程度上折射了当前我国大学生在参与志愿活动中存在的较为普遍的问题：流于形式、急功近利，参与的持续性、深入度不够。

2. 不同背景学生志愿活动参与存在显著性差异，女生、二年级学生、文科学生、学业成绩好的学生、担任过学生干部的学生，志愿活动参与度更高。参与志愿活动本质上是一种不求回报的关怀他人的利他行为。与男性不同，女性道德判断力发展的核心准则不是“正义”原则，而是“关怀”原则，因此，女性更倾向于参加志愿活动也在情理之中。不同年级学生的目标任务不同，这可能是导致他们志愿活动参与度不同的主要原因。一年级学生处于以课堂、教材为主的结构性学习阶段，四年级学生主要忙于求职、考研等事务，因此，二、三年级学生参与志愿活动的意愿更强，时空条件相对更好。不同专业学生的学习形式、学习习惯、思维方式以及行为旨趣存在差异，理科专业更强调学生动手能力以及逻辑思维能力的训练，文科专业更注重培养学生对人、对社区、对组织和对社会问题的探究与思考。这可能是文科学生志愿活动参与度高于理科学生的缘由之一。至于学业成绩好、担任过学生干部的学生在志愿活动中的参与度更高，说明在大学生社会性参与活动中，同样存在着“精英实践”现象，即参与课外实践活动的学生群体主要集中在学业成绩好的学生、学生干部等学生中的“精英”群体。其实，这也折射出学生进入大学之后呈现的两极分化现象，忙的越忙，优秀的更加优秀。

3. 影响大学生参与志愿活动的因素主要包括个人特征因素以及院校环境特征因素。具体而言，学生的性别、所处年级、校园人际互动以及志愿活动参与动机，在较大程度上决定了学生是否参与到志愿活动中。除了性别、年级因素，校园人际互动以及志愿活动参与动机也是大学生志愿活动参与不可忽视的重要影响因素。无论是与教师互动还是与同学互动，互动频率高的学生比互动频率低的学生在志愿活动中的参与率明显更高。从志愿活动参与动机来看，秉持服务他人及发展自我这类参与动机的学生比持有功利动机的学生在志愿活动中的参与率明显更高。而且，实证分析结果表明，在影响学生志愿活动参与的所有因素中，参与动机是最明显的因素，或者说是影响学生志愿活动参与最强的一个因素。

4. 大学生参与志愿活动对其道德发展有显著的积极影响，但这种积极影响在不同学生群体之间并不存在显著性差异。从志愿活动参与质量来看，在志愿活动中担任任务角色、在志愿活动后进行反思交流对学生道德发展具有促进作用。这一结论与国外服务性学习的多数研究结果相一致。这也说明作为大学生校园生活特别是校外社会实践的重要组成部分，志愿服务活动具有不可替代的育人功能，是高校教育工作者值得重视并有效运用的德育途径。

上述研究结论引发我们进一步思考：既然参与志愿活动对大学生的个人发展，特别是道德水平的发展有着不可替代的促进作用，那么，如何帮助大学生形成以利他和自我实现为主的志愿活动参与动机？如何淡化“精英实践”现象，提高不同背景学生群体在志愿活动中的参与度？如何避免流于形式，提高大学生志愿活动参与的深入度和持久性，从而让更多大学生从中切切实实地收获道德层面甚至是全面的个人成长？

培育志愿服务精神、奉献利他的校园文化氛围是提高大学生志愿活动参与度、持久度与收获度的根本途径，也是一项长期、系统的工程。那么，如何营造并形成这样的校园文化氛围？在课堂内外，围绕志愿服务活动，为大学生提供专业化的教育和管理服务，是较为有效的措施。从课外活动管理的角度而言，亟待建立规范、专业的组织与管理机制，为学生提供适切的志愿活动参与机会与平台，创设志愿服务认证与评估机制。例如，高校学生事务管理者可以与相关公益机构、社区等单位协商，合作构建适合大学生的长期志愿服务项目，让更多学生有时间、有平台、有兴趣参与到志愿服务活动中去。志愿服务认证与评估机制的建立是提高大学生志愿活动参与度、持久度的基本保障。高校学生事务管理者可以将社会志愿服务认证机制引进高校，科学、规范记录学生志愿服务的经历并给予公正、恰当的评价，使学生参与志愿活动的动机既不过弱也不过强，而是维持在一个适中的水平，这样学生才能积极、持久地参与到志愿服务活动中。国内目前大部分高校都只是将志愿活动作为一项普通的大学生课外活动来管理，殊不知大学课堂教学在促进志愿活动管理的专业化、提升学生在志愿活动中的收获度方面同样扮演着十分重要的角色。美国高校将服务性学习这一大学生志愿活动参与的主要形式引进课堂，通过教师的专业引导，帮助学生形成对志愿服务的正确认知，培训学生成为专业的志愿者。在学生参与志愿活动后，组织学生进行反馈与反思，挖掘学生自主提升个人道德水平的潜力。在此基础上，教师对学生参与志愿活动的收获度进行评估，从评估结果中可以了解到，对特定的学生群体而言，什么样的志愿活动形式是最有利于学生道德水平提升的，投入多少时间、精力是最有效率的。国外的经验说明，我国高校人才培养需要改变“育人不教书，教书不育人”的割裂模式，突破课堂内外的区隔；高校学生事务管理者和教师应该携手合作，创建以志愿服务、奉献利他为基本精神的校园文化氛围，共同促进大学生积极、持久地参与到志愿活动中，最终收获道德层面乃至全面的个人发展。

第五章

大学生精神性发展及其影响因素

>> 精神性发展是大学生全人发展的重要组成部分。本章在回顾大学生精神性相关理论和实证研究的基础上，利用四所案例高校的学生调查数据，对大学生精神性发展水平的现状、差异及影响因素进行了深入的实证研究。

一、问题的提出

大学生是每个时代的宝贵人才资源，他们的成长需要自身充分的觉醒，理应受到外界足够的重视。除了知识、技能等认知层面的发展，情感、道德、价值观等精神性发展也是大学生全人发展不可或缺的组成部分。近二十年来，扩招后的大学校园愈来愈受到社会急剧转型的冲击，日益多元化的大学生群体在精神性发展水平上更为参差不齐，一些大学生甚至陷入精神性发展的空虚与迷茫困境。有关研究也表明，大学生在精神性测试中得分中等偏低，大学生对自身精神性的主观判断处于偏低水平①②。那么，造成当前大学生精神性缺失的原因主要有哪些？除了社会、家庭和学生自身因素，目前我国高校对大学生精神性培育的忽视无疑是一个重要原因。诚如内尔·诺丁斯所言："当代公立学校教育最严重的缺陷可能是对人精神世界的忽视……对灵魂的探寻、对精神的求索不受重视，就像这种追求不存在一样。"③提升高校在促进学生精神性发展方面的角色地位和实效性，任重而道远。而围绕大学生精神性水平的微观调查研究则是无法绕开的基础工作。这样的基线调查研究可以帮助我们更为清楚地了解：在我国当前特定的校园环境背景下，大学生的精神性发展水平现状究竟如何，不同背景大学生的精神性发展水平是否存在差异，影响大学生精神性发展水平的具体因素有哪些。

① 梁恒豪. 大学生精神性的影响因素及其同心理健康的关系 [D]. 金华：浙江师范大学，2006.

② 刘瑶. 大学生的精神性：概念、结构与测量 [D]. 金华：浙江师范大学，2007.

③ 内尔·诺丁斯. 学会关心——教育的另一种模式 [M]. 于天龙，译. 北京：教育科学出版社，2003：106-111.

鉴于以上所述，本章在回顾大学生精神性相关理论和实证研究的基础上，利用四所案例高校的学生调查数据，对大学生精神性发展水平的现状、差异及影响因素进行了深入的实证研究。本研究中，“精神性”的概念界定参考亚历山大·阿斯汀的研究和定义①：精神性是个体内在的、主观的情感生活及基于此的外显行为，既包含个体自身的精神追求等动态建构的过程、内心宁静的状态，也包含个体与他人、世界建立联系，亦即对自身以外的人和事的关注②。本研究从以下5个维度来度量“精神性”：精神追求、内心宁静、关怀伦理、慈善参与及普遍的世界观③。至于本研究所探讨的大学生“精神性发展水平”，则指学生自身精神性的发展现状或呈现的水平状态，在本研究实证分析部分简称为“精神性水平”。精神性发展是大学生全人发展的重要组成部分，大学四年是培养学生精神性的黄金时期。研究大学生精神性发展水平及其影响因素，可以为高等教育工作者提供借鉴，从而更好地促进大学生的精神性发展，提高高等教育人才培养质量。

二、文献述评

在大学生发展领域的研究与实践中，精神性发展一直是个较为冷僻的话题，即使在美国亦然。例如，阿斯汀在对美国近年来大学生精神性发

① 目前学界对精神性的概念还没有一个公认、清晰的界定，已有研究主要从词源追溯、多维构成及动态建构等不同角度来尝试阐释。其中，阿斯汀等人近年来的研究和定义较具代表性，也基本整合了其他定义的维度。

② ASTIN A W, et al. Cultivating the spirit: how college can enhance students' inner lives [M]. San Francisco: Jossey-Bass, 2011, 4.

③ 同②20.

展追踪研究的基础上指出，美国高校在极力关注学生分数和所获荣誉等的同时，对学生信仰、价值观、自我理解等内在发展却严重忽视[①]。欧内斯特·帕斯卡瑞拉和帕特里克·特伦兹尼对美国1967—2003年间发表的5000余篇关于大学生发展、院校影响力等的文献进行了综述性的研究，但即便在这样图书馆式的研究中，也鲜有“精神性”或“精神性发展”的参考文献[②]。帕特里克·洛夫（Patrick Love）指出，在大学生发展理论中，精神性主题的理论严重不足，且常被很多学生事务专业人员所忽视。在大学生发展及学生事务管理的专业核心期刊中，涉及大学生精神性及发展的文献也寥寥无几[③]。尽管如此，最近二十多年来，国内外学者们还是在研发精神性测量工具以及运用这些工具探究大学生精神性发展的前因和效果等研究上做出了卓有成效的努力。

1. 大学生精神性发展：测量工具

相较于个体发展的其他领域，精神性及其发展不易界定且难于测量，这也是导致大学生精神性领域的研究热度不高、成果较少的重要原因。从国外已有的研究成果来看，以大学生群体为主要测试对象的有代表性的精神性测试量表包括：阿斯汀的“大学生信仰与价值观调查问卷”（College Students’ Beliefs and Values Survey，以下简称CSBV），埃里克·米勒（Eric D. Miller）的“米勒精神性测试量表”（Miller Measure of Spirituality，

① ASTIN A W, et al. Assessing students’ spiritual and religious qualities [J]. Journal of College Student Development, 2011.

② ERNEST T P, PATRICK T T. How college affects students: Volume 2 [M]. San Francisco: Jossey-Bass, 2005.

③ LOVE P G. Defining spiritual development: a missing consideration for student affairs [J]. NASPA Journal, 2009.

以下简称MMS），道格拉斯·麦克唐纳（Douglas A. MacDonald）的“精神性表达测试量表”（Expressions of Spirituality Inventory，以下简称ESI），哈奇·罗伯特（Hatch Robert）的“精神性参与和信仰量表”（Spiritual Involvement and Belief Scale，以下简称SIBS），维姬·吉尼亚（Vicky Genia）的“精神性体验测试量表”（The Spiritual Experience Index，以下简称SEI），托尼亚·阿姆斯特朗（Tonya D. Armstrong）的“阿姆斯特朗精神性测试量表”（Armstrong Measure of Spirituality，以下简称AMOS）。下文将从主要开发者及单位、开发时间、测试目的、测试对象、测试指标及测试结果等方面逐一介绍上述测量工具，并尝试比较其异同。

表5-1 国外大学生精神性测试的主要量表

测量工具名称/简称	主要开发者及单位	开发时间	测试目的	主要测试指标	主要测试对象	测试结果（开发类/应用类）
大学生信仰与价值观调查问卷(CSBV)	阿斯汀，加州大学洛杉矶分校	2004年	测试大学生精神性、宗教笃信的现状及变化。	2个子量表，各5个维度(李克特式量表) [1] 精神性测试：精神追求、(内心)宁静、关怀伦理、慈善参与、普遍的世界观；[2] 宗教特质测试：宗教信守、宗教参与、宗教保守主义、宗教怀疑主义、宗教挣扎。	大学生(全美范围内抽样)试测3700人前测11200人后测15000人	整项测试范围广、周期长，从2003年持续到2007年。研究表明：学生各项精神品质的积极变化不完全是自然成长、成熟所致，学生某些特定的大学经历、大学环境等因素有助于学生精神性的发展(后文详述)①。
米勒精神性测试量表(MMS)	米勒，肯特州立大学	2004年	测试个体精神性行为、意识等，也分析其与宗教的相关程度。	共31个条目，2个子量表(李克特式量表) [1] 亲社会信仰：如生活反思、冥想，悲悯意识，利他主义行为等亲社会行为；[2] 存在的意义：如超然体验、与上帝的交流和对超然力量的尊崇等存在感状态。	1278名大学生	米勒的研究测试主要为调适、确定量表②。我国的梁恒豪修订其量表后，以422名中国本科生为被试进行研究。研究表明：大学生的精神性在是否独生子女、宗教背景上存在显著差异；在性别、专业等方面虽然存在一定差异，但并不显著。精神性和积极应对呈显著的正相关，和自尊呈显著正相关，和抑郁呈显著负相关③。

① ASTIN A W, et al. Cultivating the spirit: how college can enhance students' inner lives [M]. San Francisco: Jossey-Bass, 2011, 10.

② MILLER E D. The development and validation of a new measure of spirituality [J]. North American Journal of Psychology, 2004.

③ 梁恒豪. 大学生精神性的影响因素及其同心理健康的关系 [D]. 金华：浙江师范大学，2006.

[续表]

测量工具名称/简称	主要开发者及单位	开发时间	测试目的	主要测试指标	主要测试对象	测试结果（开发类/应用类）
精神性表达测试量表(ESI)	麦克唐纳，温莎大学	2000年	探索并形成精神性构成的因素模型。	共98个条目，5个维度 [1] 精神性的认知导向：如生活的目的、意义、神圣，理想主义，利他主义，悲悯意识，物质价值观等；[2] 经验的/现象学维度：如神秘的体验、超越性、生活的神圣等；[3] 存在的幸福：如生活的目的与意义，普遍的相互关联性等；[4] 超自然的信仰：如唯心论、巫术、未卜先知、被邪教支配等；[5] 宗教笃信：传统宗教信仰、内在宗教动机、宗教特质、生活的目的与意义。	大学生 第一次534人 第二次938人	整合了前人的11个相关量表让被试填写，对两次测试做因素分析等。发现有5个主要因素：精神性的认知导向、经验的/现象学维度、存在的幸福、超自然的信仰和宗教笃信。这是构成精神性的重要维度和基础，由此开发形成新的测量工具①。
精神性参与和信仰量表(SIBS)	罗伯特，佛罗里达大学	1998年	测试个体精神信仰水平，以及精神性实践中的参与程度。	共26个条目，4个子量表（李克特量表） [1] 仪式层面：测量个体参加精神性活动或者宗教等仪式的频率；[2] 内心层面：测量个体内在的精神信仰和精神增长的状况；[3] 沉思冥想：测量个体对生活目的与意义的反思；[4] 谦逊/个人实践：测量个体的谦逊程度及日常生活中与精神性相关的实践和应用。	222名 大学生	卡丽·温特奥德（Carrie Winterowd）等人应用该量表进行了研究。研究发现：个体的精神信仰与其压力、愤怒情绪等有显著相关关系。一般而言，精神信仰水平较高的大学生更容易控制自己的焦虑、愤怒等不良情绪。换言之，提升个体的精神信仰水平是一种积极应对大学期间的焦虑、高压力等不良情况的有效途径②。

① MACDONALD D A. Spirituality: description, measurement, and relation to the five factor model [J]. Journal of Personality, 2000.

② WINTEROWD C, et al. The relationship of spiritual beliefs and involvement with the experience of anger and stress in college students [J]. Journal of College Student Development, 2005.

[续表]

测量工具名称/简称	主要开发者及单位	开发时间	测试目的	主要测试指标	主要测试对象	测试结果（开发类/应用类）
精神性体验测试量表(SEI)	吉尼亚，美利坚大学	1997年 在1991年量表的基础上修订	测量多元宗教和精神信仰的人的精神性成熟度。	共23题，2个子量表（李克特量表） [1] 精神支持：13题，主要测量精神性对个体人格的支持程度； [2] 精神开放：10题，主要测量个人在精神信仰方面的开放与包容态度。（备注：子量表一“精神支持”的英文表述为spiritual support，文中简称为ss；子量表二“精神开放”的英文表述为spiritual openness，文中简称为so）	211名大学生	将两个子量表的得分整合后得出个体精神性水平逐渐递增的四个阶段：[1] 第一阶段，ss、so得分都低，说明其精神性成熟度非常低，缺乏精神信仰根源和信守；[2] 第二阶段，ss得分高、so得分低，此时个体初步形成自身信念，并强烈认同该信仰的准则；[3] 第三阶段，ss得分低、so得分高，个体对不同的信仰感到好奇，也会质疑先前秉持的信仰；[4] 第四阶段：ss、so得分都高，说明个体精神性水平比较成熟，也对不同宗教、信仰保留好奇和与之对话的欲望①。
阿姆斯特朗精神性测试量表(AMOS)	阿姆斯特朗，杜克大学	1994年	试图拓展阐释影响精神性的因素。	59个条目，4个子量表（李克特量表） [1] 精神信仰，20题；[2] 精神性特质，20题；[3] 精神性实践，10题；[4] 精神性经历，9题。	125名大学生	卡伦·韦德尔·维斯特（Karen Weddle-West）等人应用该量表进行了研究。研究发现：来自以白人为主高校的大学生其精神性水平明显高于传统黑人大学的大学生。可能的原因是，在以白人为主的大学中，非裔美国大学生属于少数群体，他们更需要寻找和倚靠精神性作为支柱来应对生活②。

① GENIA V. The spiritual experience index: revision and reformulation [R]. Religious Research Association, 1997.

② KAREN W, et al. Impact of college environments on the spiritual development of African American students [J]. Journal of College Student Development, 2013.

（1）测量工具的基本情况

从测量工具的研发到实施来看，北美高校，特别是美国高校的科研团队是大学生精神性测试研究的中坚力量，已有的大学生精神性及发展的实证研究也主要来自美国。

从测量工具的开发时间来看，这些测量工具基本上是近三十年来的研究产物，且内涵愈加丰富。也有更早时期开发的量表，但指标较模糊，使用的广泛性不足。

从测试的主要对象来看，基本上逐渐聚焦到大学生。发展到阿斯汀的CSBV，则在名称和对象上都直接锁定大学生，其他工具没有明显强调这点，只是有研究应用到大学生群体。另外一些未在表格中介绍的其他精神性测量工具，也有以行政管理人员、社区居民、成年人等作为调查对象的。

（2）测量工具的主要指标

纵观上述大学生精神性测试量表，测量的主要指标有以下相似点：第一，认为精神性是多维构成的，故将精神性至少分为两个子量表进行不同层面的测试。第二，基本都采用李克特式量表形式，让被试做出不同等级的判断，相应得到不同分数。第三，具体测试指标较重合的，一方面是外显可测的精神性行为表现，如反思和追求生活的目的、意义，参加宗教仪式或精神性活动等；另一方面是内在的超然体验或个人特质，如悲悯意识，利他主义，对超越性、超自然力量的思考与尊崇，与上帝、他人的联系之感等。这与前述精神性的概念界定比较一致，涵盖了个体内在的、主观的情感生活及基于此的外显行为。

尽管上述量表在主要指标上有相近内容，但基于测试目的、时间及对象的不同，其指标又有各自的特性。阿斯汀的CSBV突破以往将精神性和宗教笃信混同使用的藩篱，认为二者具有不同的特质，故需设置成单独的测试，且题目表述也尽量用“更高级的存在/力量（higher being/power）”来代替“上帝（God）”等词汇，因为面向的是多元宗教信仰的大学生群体。此外，CSBV的题项也更具体化、生活化。例如，除了像其他量表测试“神秘的体验”等抽象的精神性经历，也会问及在类似听歌、阅读、思考的过程中是否有别样的精神性体验。而关于“悲悯意识”，更具象到“帮助朋友、参加志愿服务、捐赠衣物”等。

米勒的MMS也试图探索个体的精神性行为、意识与宗教笃信的关系，通过效度分析发现两个子量表中的测试指标均与宗教性呈负相关，从而表明精神性与宗教性存在明显区别。但与CSBV不同的是，MMS等量表都惯性地使用“上帝”词汇。

麦克唐纳通过对已有相关的11个量表进行因素分析、建立模型等，发现所有维度中有5个因素是精神性的重要构成，因而归纳出精神性测试的5个维度，并将新量表称为ESI。但表述略有重叠，如“生活的目的与意义”同时归在“精神性的认知导向”“存在的幸福”及“宗教笃信”维度下。言及精神性的构成要素，罗伯特的SIBS有4个子量表，其中3个量表的内容与其他测量工具并无二致，但“谦逊程度（humility）”的设置相对较为新颖。

相比其他测量工具，吉尼亚的SEI和阿姆斯特朗的AMOS在子量表的称谓和形容上更多直接使用“精神性的（spiritual）”来归类，根据精神性的不同层面形成2个或4个不同维度。而如米勒的MMS，用“亲社会信仰”和“存在的意义”来划分和表述；罗伯特的SIBS则用“仪式层面”“内心层面”“沉思冥想”等来划分和表述。

通过以上梳理与比较，可以发现国外具有代表性的大学生精神性测量工具在指标内容上有相似之处，主要测量大学生外显的精神性行为表现，以及内在的超然体验或个人特质，但不同测量工具各有侧重。在诸多测量工具中，阿斯汀等人设计并实施的“大学生信仰与价值观调查问卷”（简称CSBV）及其应用结果具有较高的参考价值。本研究从选题、研究思路到调查工具的制定均受到阿斯汀CSBV及相关研究的启发。

目前，我国还没有被广为认可的本土化大学生精神性测量工具。虽有个别研究将国外量表修订、汉化，但因为缺乏本土化的大学生发展理论，同时，对宗教性和精神性的概念界定也没有给予跨文化的区分，因此，这些测量工具的适用性和解释力还有待考证。

2. 大学生精神性发展：实证研究

大学生精神性测量工具的开发与完善推动了国内外高等教育领域内对学生精神性发展水平前因及效果的研究。前因研究探讨哪些因素会影响大学生的精神性发展，或造成差异；效果研究探讨大学生精神性发展会对哪些方面产生积极影响。

(1) 大学生精神性发展的影响因素研究

根据大学生发展理论系统中较具代表性的阿斯汀的“输入—环境—输出”理论和模型，大学生的背景特征以及进入大学之后的就读经历都是可能影响其精神性发展的因素。

①学生背景特征。

已有研究表明，精神性发展水平与大学生的年龄、种族、性别、民族、年级、专业、是否独生子女、宗教信仰等背景特征变量均有关联。

在种族和年龄方面，林恩 · 安德伍德（Lynn G. Underwood）的研究表明，非裔美国女性的精神性水平要显著高于白人女性[①]。拉尔夫 · 皮埃蒙特（Ralph L. Piedmont）[②]和塞思尼斯 · 勒妮（Sethness Renee）[③]的研究均表

① UNDERWOOD L G. The daily spiritual experience scale: development, theoretical description, reliability, exploratory factor analysis, and preliminary construct validity using health-related data [R]. Society of Behavioral Medicine, 2002.

② PIEDLMONT R L. Does spirituality represent the sixth factor of personality? Spiritual transcendence and the five-factor model [J]. Journal of Personality, 1999.

③ SETHNESS R, et al. Cardiac health relationships among hostility, spirituality, and health risk [J]. Journal of Nursing Care Quality, 2005.

明，精神性水平会随着年龄的增长而有所上升。惠特·卢瑟（Wheat Luther W.）的研究结论也类似：与年轻人相比，年长者精神性水平更高，且女性的精神性水平高于男性[①]。

在性别、专业、年级、民族方面，阿斯汀的研究发现，大学女生的精神性水平高于男生，一些特定专业，例如工程学、数学、物理学等专业的大学生其精神性水平明显低于其他专业的学生群体[②]。宋兴川的研究结果表明，大学生的精神信仰在年级、专业[③]以及民族[④]上存在显著差异。

在是否独生子女、宗教信仰等方面，梁恒豪的研究结果表明，大学生的精神性在是否独生子女、宗教信仰上存在显著差异，在性别、专业等方面虽然存在一定差异，但并不显著[⑤]。刘瑶的研究结果表明，大学生的精神性在宗教信仰上存在显著差异，在年级、专业和是否独生子女上虽然存在一定差异，但不显著[⑥]。

②大学就读经历。

阿斯汀等人运用“大学生信仰与价值观调查问卷”进行了调查研究。研究发现，大学生精神品质的积极变化不完全是个体自然成长、成熟所致，特定的大学就读经历有助于学生精神性的发展，如出国留学、跨学科的学习、服务性学习等，尤其是和多样化的同辈互动。这些经历之所以奏效，是因为学生从中可以接触不同的人、思想和文化。同时，如果学生经常参与一些“触及内心的活动”（inner work），这也能促进精神性的提

① WHEAT L W. Development of a scale for the measurement of human spirituality [D]. University of Maryland,1991.

② ASTIN A W,et al. Cultivating the spirit:how college can enhance students' inner lives [M]. San Francisco:Jossey-Bass,2011:44-80.

③ 宋兴川，金盛华. 不同年级和专业大学生精神信仰的研究 [J]. 心理发展与教育，2006.

④ 宋兴川，等. 汉藏大学生精神信仰的跨文化比较 [J]. 青海民族学院学报（社会科学版），2008.

⑤ 梁恒豪. 大学生精神性的影响因素及其同心理健康的关系 [D]. 金华：浙江师范大学，2006.

⑥ 刘瑶. 大学生的精神性：概念、结构与测量 [D]. 金华：浙江师范大学，2007.

升，如沉思、冥想、自我反思以及老师积极鼓励他们探寻生活的目的和意义[①]。阿斯汀的研究也表明有些因素会妨碍大学生的精神性发展，如异常忙碌，没有闲暇反省和思考，经常参加一些使自己分心、远离日常经历和大学生活的活动，如长时间看电视和打游戏等[②]。此外，有研究发现，师生在课堂内外进行的正式、非正式的交往互动能有效促进学生的精神性发展，尤其是教师询问学生的内心生活，鼓励他们探寻生活的目的与意义等的促进作用更明显[③]。这一结论与前述阿斯汀等人的研究结果是一致的。

（2）大学生精神性发展的效果研究

已有研究表明精神性发展会促进大学生的校园适应、学业表现、身心健康、情绪调控、领导力发展，也能提升学生的生活质量以及就读满意度等。

阿斯汀等人的研究表明，学生精神层面的发展与提升有利于其他大学经历方面的结果，如学业表现、心灵健康、领导力发展以及对大学的满意度等[④]。

劳·威尔弗雷德（Lau Wilfred）等人的研究指出，大学是学生倍感压力的一段时期，虽然大学在努力寻找有效策略帮助学生解决问题，但精神性作为心理层面的影响因素往往被忽视。研究随机抽样了1160名来自中国香港的大学生，分别用精神性超越量表（STS）进行了3次测试。第一次是

① ASTIN A W, et al. Cultivating the spirit: how college can enhance students' inner lives [M]. San Francisco: Jossey-Bass, 2011: 10.

② 同①44-80.

③ ALEXANDRA P T. Enhancing classrooms and conversations how interactions with faculty predict change in students spirituality in college [D]. University of California, Los Angeles, 2013.

④ 同①.

在2010年9月，第二次是在第一次之后的7个月，第三次是在第二次之后的1年。其因果模型的分析结果表明，精神性确实是生活质量的一个重要决定因素，而该因果模型反之不成立①。该研究为精神性是影响生活质量的核心要素提供了有力的证据支持。

加里·雷耶斯（Gary M. Reyes）的研究表明，精神性是一个预测学术表现的增强因子，精神性和信仰与学术表现存在显著的正相关关系②。库恩·乔治（Kuh George. D）的研究结论类似，其研究结果表明精神性发展能促进大学生的学业成就和身体健康③。还有皮尔·亚历山德拉（Piehl T. Alexandra）的研究表明精神性与学生的学业表现和学业成就意识存在显著的正相关关系④。此外，詹尼弗·霍尔特（Jennifer L. Holt）曾做过这样一项研究：让大学生列举排序自认为促使其大学期间学业成功的五大因素。结果发现，大学生们认为精神性是第三重要的，仅次于奖学金和家庭支持⑤。

与此同时，阿莉莎·布莱恩特（Alyssa N. Bryant）的研究表明精神性发展能促进情感上的幸福，也有助于大学生适应大学生活⑥。此外，如前所述（表5-1），温特奥德的研究表明，个体的精神信仰与其压力和愤怒情绪

① WILFRED W F, et al. The relationship between spirituality and quality of life among university students: an autoregressive cross-lagged panel analysis [J]. Higher Education, 2015.

② REYES G. Spirituality and religiosity: their relation to academic achievement of undergraduate college students [D]. Northern Arizona University, 2006.

③ KUH G D. Spirituality, liberal learning and college student engagement [J]. Liberal Education, 2006.

④ ALEXANDRA P T. Enhancing classrooms and conversations how interactions with faculty predict change in students spirituality in college [D]. University of California, Los Angeles, 2013.

⑤ HOLT J, MAHWALD B, DEVORE C . What helps students of color succeed? Resiliency factors for students enrolled in multicultural educators programs [DB/OL]. Retrieved from ERIC database, 2002.

⑥ BRYANT A N. Gender differences in spiritual development during the college years [J]. Sex Roles, 2007.

等有显著相关关系，精神信仰水平较高的大学生更容易控制自己的焦虑、愤怒等不良情况[①]。也就是说，该研究表明提升个体的精神信仰水平是一种应对和处理大学期间的焦虑、高压力等不良情况的有效途径。

国内也有类似的研究。例如，宋兴川的研究表明，大学生的精神信仰对其心理健康有一定作用。具体而言，该研究将精神信仰分为超自然信仰、社会信仰和实用信仰。研究结果表明，超自然信仰对人际敏感、强迫、抑郁和焦虑起正向作用；社会信仰对人际敏感、强迫、抑郁和焦虑起负向作用；实用信仰对人际敏感和强迫起正向作用[②]。再如，梁恒豪针对本科生群体的研究表明，精神性和积极应对呈显著正相关，和自尊呈显著正相关，和抑郁呈显著负相关，换言之，精神性是这三者的有效预测因素[③]。

三、数据与研究方法

1. 分析框架与研究方法

本研究实证分析主要包括：（1）大学生精神性水平的现状分析；（2）不同背景大学生精神性水平的差异分析；（3）大学生精神性水平的影响因素分析。实证分析框架如图5-1。

本研究实证分析部分采用统计及计量回归分析方法。其中，统计分析包括统计描述、均值比较、方差分析和探索性因素分析；计量回归分析主要为多元线性回归分析。实证分析采用的统计软件主要为SPSS21.0。

① WINTEROWD C,et al. The relationship of spiritual beliefs and involvement with the experience of anger and stress in college students [J]. Journal of College Student Development,2005.

② 宋兴川，等. 大学生精神信仰与心理健康的关系 [J]. 中国心理卫生杂志，2004.

③ 梁恒豪. 大学生精神性的影响因素及其同心理健康的关系 [D]. 金华：浙江师范大学，2006.

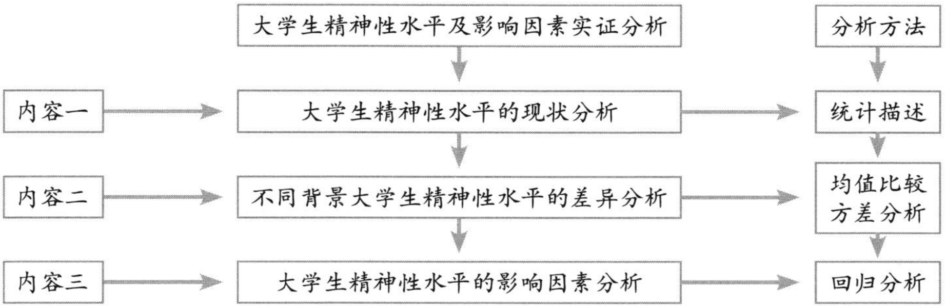

图5-1 实证分析框架图

2. 数据来源与样本特征

本研究数据来自2015年对上海地区四所案例高校的1907名一年级本科生进行的一项关于本科新生学习适应及发展的问卷调查，调查工具为研究者自编问卷。四所案例高校中，985和211院校各一所，市属二本院校一所，民办三本院校一所；从院校类型来看，案例高校中既有综合性大学，也有理工类及师范类高校。

（1）问卷编制。在广泛参考了国内外相关调查工具和研究成果的基础上，结合研究目的及案例高校的具体校情，研究者自编了预调查问卷。然后在预调查数据的基础上，依据问卷项目分析、信效度分析及预调查中发现的问题，删除或修改表述不清、不能理解及不必要的题目，最后形成问卷定稿。正式调查问卷包括四部分：学生基本背景信息、学生入学前情况、学校环境与学生参与情况、学生适应与发展。本研究提取问卷中与学生精神性水平及影响因素相关的数据和资料进行实证分析①。

① 在精神性测试部分的问卷编制过程中，相继参考了国外有代表性的大学生精神性测量工具，详见表5-1。本研究问卷的编制和施测得到教育部哲学社会科学重大课题攻关项目“高考改革试点方案跟踪与评估研究”之子课题“高考改革试点方案与大学生学习的适应性与发展性研究”的支持。在此，对国内外同行一并表示诚挚的谢意。

（2）问卷施测。问卷正式施测于2015年12月进行，在四所案例高校中共发放问卷2200份，实际回收1927份，问卷回收率为87.6%。通过对回收问卷的有效性进行删选，剔除一致性作答问卷和作答率低于75%的问卷共20份，保留有效问卷1907份。本次问卷调查根据各校抽样框（学生总体分布及名录），实施比例分层抽样，在分层的同时考虑专业和性别等因素。问卷回收之后即对问卷进行编码，随后录入公司并行录入、对比纠错，研究者对数据进行严格审核，最后得到用于统计软件分析的数据。

（3）样本特征。从性别来看，男生占53%，女生占47%。从民族来看，汉族学生占93.5%，少数民族学生占6.5%。从生源地来看，上海生源占34.2%，外地生源占65.8%。从宗教信仰来看，无宗教信仰的学生占88.2%，有佛教、基督教、伊斯兰教、道教、天主教及其他宗教信仰的学生占11.8%。从专业性质来看，文科学生占39.5%，理科学生占60.5%。45%的样本学生在大学期间担任过学生干部。72.8%的样本学生是独生子女。从入学后课外活动参与来看，样本学生的参与热情很高，尤其是体育、娱乐以及各级各类的学生会、社团组织的活动，相对较少参与的是学校组织的心理咨询、勤工助学等活动。从精神性发展的有关活动参与来看，样本学生的参与度比较适中，最常经历的是自我反省、总结等，参与最少的是给公益组织捐款、捐赠物品等。样本学生的精神性水平总体为中等，在精神追求、内心宁静、关怀伦理等维度方面表现出积极的状态。从人际互动来看，样本学生与教师各个方面的互动交流频率不太高，其中有关课程学习的沟通差强人意；相比之下，学生更倾向于同辈互动，较高比例的学生认为自己能和周围的朋友建立亲密的关系。从满意度评价来看，样本学生对学校总体满意度尚可，对学校的教育教学、学生工作服务、学校硬件设施等方面也大部分持满意态度，但对一些具体指标，如学校目前校区分散、就业指导服务、体育活动服务、食宿条件等方面的满意度较低。

3.研究假设

根据大学生精神性发展理论以及相关实证研究结果，本研究提出以下研究假设：

（1）不同背景大学生的精神性水平存在显著性差异；

（2）大学生精神性水平的影响因素包括学生背景特征（个人特征、个人就读特征、家庭背景特征、毕业期望特征、院校组织特征）、校园人际互动及课外活动参与。

四、研究结果

1. 信效度分析

（1）信度分析

本研究借鉴了前述阿斯汀的理论及其编制的“大学生信仰与价值观调查问卷”。在本研究的问卷设计中，大学生的精神性水平测试主要分为5个子维度：精神追求、内心宁静、关怀伦理、慈善参与及普遍的世界观。因问卷多采用李克特式量表对学生的各方面情况进行测量，故此处采用克隆巴赫（Cronbach）的Alpha系数来估计本部分问卷的内部一致性信度（internal consistency reliability）。分析结果表明，学生精神性测试部分的信度系数为0.919（见表5-2），说明该部分问卷信度良好，题项设计合理，表明测量结果受随机误差的影响较小，测量工具的一致性和稳定性较高。

表5-2 学生精神性水平测试的信度检验结果

精神性水平测试信度系数		0.919				
ANOVA以及Cochran检验						
		平方和	df	均方	Cochran的Q	Sig
人员之间		11592.065	1828	6.341		
人员内部	项之间	20165.998	23	876.783	20269.795	.000
	残差	21685.586	42044	.516		
	总计	41851.583	42067	.995		
总计		53443.648	43895	1.218		

（2）效度分析

本研究采用探索性因素分析(exploratory factor analysis，简称EFA)的正交方差最大法（varimax）进行主成分分析（principal components analysis），以检测精神性测试问卷的结构效度（construct validity）。分析结果表明，本部分问卷的KMO系数值为0.939，Bartlett's球形检验结果显著（见表5-3），表明精神性测试部分的问卷适合做因素分析，题项设计合理，效度良好。

表5-3 学生精神性测试问卷的探索性因素分析结果

	KMO系数	Bartlett's球形检验 Sig.
精神性测试问卷	0.939	.000

2. 大学生精神性水平的现状分析

精神性测试部分共24题，满分为111分。如表5-4所示，其中，精神追求测试满分为30分，由5项4点式题目和2项5点式题目构成；内心宁静测试满分为30分，由6项5点式题目构成；关怀伦理测试满分为19分，由1项4点式题目和3项5点式题目构成；慈善参与测试满分为12分，由3项4点式题目构成；普遍世界观测试满分为20分，由4项5点式题目构成。通过对学生精神性水平的统计描述进行分析，可以发现，样本学生的精神性测试得分均值约为76分，总体处于中等区段。换言之，样本学生的精神性水平为中等。

表5-4 学生精神性水平测试的基本情况

<table>
<tr><th rowspan="2">维度</th><th rowspan="2">题项</th><th colspan="5">学生情况（有效百分比）</th><th colspan="2">数据基本信息</th></tr>
<tr><th>从未</th><th>偶尔</th><th>经常</th><th colspan="2">常常</th><th>均值</th><th>标准差</th></tr>
<tr><td rowspan="7">精神追求</td><td>和朋友/同学/亲人等讨论生活的意义与目的</td><td>10.8%</td><td>47.5%</td><td>30.5%</td><td colspan="2">11.2%</td><td>2.42</td><td>0.827</td></tr>
<tr><td>主动探寻生活的美（风景、好人好事等）</td><td>11.4%</td><td>41.8%</td><td>33.1%</td><td colspan="2">13.7%</td><td>2.49</td><td>0.867</td></tr>
<tr><td>自我反省、回顾、沉思，总结经验和教训</td><td>3.2%</td><td>37.0%</td><td>42.7%</td><td colspan="2">17.1%</td><td>2.74</td><td>0.774</td></tr>
<tr><td>受到教师课堂内外的鼓励去探寻生活的意义</td><td>16.3%</td><td>48.2%</td><td>26.5%</td><td colspan="2">9.0%</td><td>2.28</td><td>0.842</td></tr>
<tr><td>阅读精神性（信仰、态度、价值观等）方面的读物</td><td>13.0%</td><td>46.8%</td><td>26.8%</td><td colspan="2">13.4%</td><td>2.40</td><td>0.877</td></tr>
<tr><td rowspan="2">上大学后，我对生活意义的理解更清晰</td><td>完全不符合</td><td>不太符合</td><td>不确定</td><td>比较符合</td><td>完全符合</td><td rowspan="2">3.80</td><td rowspan="2">0.837</td></tr>
<tr><td>3.2%</td><td>9.3%</td><td>32.1%</td><td>42.6%</td><td>12.8%</td></tr>
<tr><td>我认为形成有意义的生活哲学是必要的</td><td>1.7%</td><td>4.2%</td><td>21.2%</td><td>53.0%</td><td>19.9%</td><td>3.85</td><td>0.843</td></tr>
<tr><td rowspan="6">内心宁静</td><td>我能较好地处理自己的负面情绪</td><td>1.4%</td><td>5.8%</td><td>21.4%</td><td>54.3%</td><td>17.1%</td><td>3.80</td><td>0.837</td></tr>
<tr><td>我对现在的总体生活状态非常满意</td><td>3.3%</td><td>16.1%</td><td>25.6%</td><td>44.6%</td><td>10.4%</td><td>3.43</td><td>0.986</td></tr>
<tr><td>我感觉内心充实、安宁，精力集中</td><td>2.2%</td><td>11.5%</td><td>31.3%</td><td>43.4%</td><td>11.6%</td><td>3.51</td><td>0.92</td></tr>
<tr><td>我能在艰难困苦时看到希望、坚守信念</td><td>1.4%</td><td>6.8%</td><td>24.4%</td><td>53.1%</td><td>14.3%</td><td>3.72</td><td>0.841</td></tr>
<tr><td>我感恩每一天、发生在生活的每件事</td><td>2.1%</td><td>7.4%</td><td>24.6%</td><td>50.1%</td><td>15.8%</td><td>3.70</td><td>0.896</td></tr>
<tr><td>我有高度的自我认同感和自我效能感</td><td>2.0%</td><td>9.3%</td><td>30.3%</td><td>44.4%</td><td>14.0%</td><td>3.59</td><td>0.911</td></tr>
</table>

维度	题项	学生情况（有效百分比）					数据基本信息	
		从未	偶尔	经常	常常		均值	标准差
关怀伦理	尽己所能帮助改善自然环境、节约资源等	5.9%	40.9%	40.2%	13.0%		2.60	0.786
	我希望能帮助改善世界的不公平	完全不符合	不太符合	不确定	比较符合	完全符合	3.59	0.957
		3.2%	9.2%	27.7%	45.0%	14.9%		
	我希望能帮助减少世界上的任何苦难	2.5%	7.2%	26.2%	47.4%	16.6%	3.68	0.92
	我希望能影响、引导社会上的价值观	3.0%	10.7%	29.5%	42.5%	14.3%	3.54	0.964
慈善参与	我希望能帮助改善世界的不公平	完全不符合	不太符合	不确定	比较符合	完全符合	3.59	0.957
		3.2%	9.2%	27.7%	45.0%	14.9%		
	参加志愿服务（如支教、社区服务、环保）	从未	偶尔	经常	常常		1.87	0.857
		38.6%	40.4%	15.8%	5.2%			
	给公益组织捐款，捐赠衣物、书籍、日用品等	46.1%	42.2%	8.5%	3.2%		1.69	0.758
	帮助周围处于困境的人解决问题	5.8%	43.8%	38.9%	11.5%		2.56	0.770
普遍的世界观	我认为所有的生命之间都是互相依存的	完全不符合	不太符合	不确定	比较符合	完全符合	3.83	0.868
		1.8%	5.5%	20.3%	52.8%	19.6%		
	我有良好的理解全球化的能力（如对其他地区、民族、国家的人和文化的理解）	2.0%	9.3%	32.1%	42.8%	13.8%	3.57	0.909
	我认为大部分没有宗教信仰的人也可以获得精神性层面的发展	1.3%	4.9%	18.3%	51.3%	24.2%	3.92	0.855
	（上大学后）欣赏、容忍、理解他人的能力	下降	没有提高	略微提高	较大提高	很大提高	3.58	0.89
		1.2%	7.4%	39.7%	35.2%	16.5%		

注：“从未”“偶尔”“经常”“常常”依次计分为1、2、3、4。“完全不符合”“不太符合”“不确定”“比较符合”和“完全符合”，依次计分为1、2、3、4、5。“下降”“没有提高”“略微提高”“较大提高”“很大提高”依次计分为1、2、3、4、5。

3. 不同背景大学生精神性水平的差异分析

阿斯汀在将精神性测试分为精神追求、内心宁静、关怀伦理、慈善参与和普遍的世界观五部分的基础上进一步指出，前二者可同属于一个维度，均聚焦于大学生自身的内在（internal）精神性，后三者可同属于一个维度，即聚焦于大学生与他人、周围环境以及世界之间建立联系的外在（external）精神性[①]。因此，为探讨不同背景大学生的精神性水平，以及内在、外在精神性水平是否存在显著差异，具有哪些背景特征的学生精神性测试的得分更高（即精神性水平更高），需要对不同背景大学生的精神性测试，以及内在、外在精神性测试得分进行均值比较和方差分析。结果如下：

表5-5 不同背景学生总体精神性水平测试的差异分析结果

学生的背景特征			精神性水平测试得分			
			均值	标准差	F（t）值	Sig.
个人特征	性别	男 女	75.03 76.81	12.99 11.51	–3.09	.002
个人就读特征	专业	文科 理科	77.45 74.79	12.53 12.24	4.33	.000
	政治面貌	中共党员（含预备） 入党积极分子 共青团员 群众	70.50 79.68 75.61 75.97	8.68 14.19 12.12 13.32	4.59	.003
	是否担任学生干部	是 否	78.59 73.69	12.67 11.45	8.44	.000
	学业成绩排名	前10% 11%—25% 26%—50% 51%—75% 后25%	81.87 77.53 76.64 74.19 70.48	14.88 11.55 11.60 11.12 13.59	22.25	.000

① ASTIN A W, et al. Cultivating the spirit: how college can enhance students' inner lives [M]. San Francisco: Jossey-Bass, 2011: 20.

[续表]

学生的背景特征			精神性水平测试得分			
			均值	标准差	F（t）值	Sig.
家庭背景特征	生源地	沪籍 非沪籍	76.90 75.32	12.82 12.03	2.55	.011
	独生子女	是 否	76.57 74.09	12.48 11.58	3.95	.000
	父亲文化程度	高中以下 高中及以上	74.70 76.24	11.63 12.57	–2.32	.020
	母亲文化程度	高中以下 高中及以上	74.22 76.54	11.49 12.64	–3.69	.000
毕业期望特征	个人毕业期望	不明确 就业或创业 读研	73.66 75.11 77.31	12.09 12.86 11.79	13.20	.000
	父母毕业期望	不明确 就业或创业 读研	74.31 75.63 76.42	12.26 12.79 11.98	3.44	.032
院校组织特征	院校层次	985院校 211院校 二本院校 三本院校	74.29 75.26 77.15 76.60	11.40 12.03 12.81 12.82	4.80	.002

注：（1）总体精神性水平测试满分为111分，由5个维度构成。（2）不同政治面貌、不同学业成绩排名、不同个人毕业期望、父母对子女不同毕业期望、不同学校层次学生之间总体精神性水平的差异分析运用方差分析（采用F值），其他背景特征学生之间的差异分析运用均值比较（采用t值）。（3）差异分析结果不显著的背景特征变量未列入表格。

表5-6 不同背景学生内在精神性水平测试的差异分析结果

学生的背景特征			内在精神性水平测试得分			
			均值	标准差	F（t）值	Sig.
个人特征	性别	男 女	40.91 42.02	7.54 6.93	–3.29	.001
个人就读特征	专业	文科 理科	42.25 40.85	7.46 7.16	3.87	.000

[续表]

学生的背景特征			内在精神性水平测试得分			
			均值	标准差	F（t）值	Sig.
个人就读特征	政治面貌	中共党员（含预备）	37.88	5.22	3.73	.011
		入党积极分子	43.37	8.28		
		共青团员	41.32	7.16		
		群众	41.11	7.88		
	是否担任学生干部	是	42.89	7.48	7.70	.000
		否	40.27	6.80		
	学业成绩排名	前10%	44.62	8.90	19.84	.000
		11%—25%	42.47	6.67		
		26%—50%	41.86	6.89		
		51%—75%	40.43	6.54		
		后25%	38.47	8.27		
家庭背景特征	独生子女	是	41.84	7.32	3.71	.000
		否	40.43	6.97		
	父亲文化程度	高中以下	40.72	6.90	–2.41	.016
		高中及以上	41.66	7.40		
	母亲文化程度	高中以下	40.42	6.81	–3.87	.000
		高中及以上	41.85	7.43		
毕业期望特征	个人毕业期望	不明确	40.12	7.29	15.08	.000
		就业或创业	40.86	7.48		
		读研	42.34	6.94		
	父母毕业期望	不明确	40.50	7.30	3.95	.019
		就业或创业	41.21	7.58		
		读研	41.79	7.03		
院校组织特征	院校层次	985院校	40.51	6.85	4.24	.005
		211院校	41.23	6.96		
		二本院校	42.21	7.58		
		三本院校	41.68	7.59		

注：（1）内在精神性水平测试由精神追求、内心宁静2个维度构成，满分为60分。（2）不同政治面貌、不同学业成绩排名、不同个人毕业期望、父母对子女不同毕业期望、不同学校层次学生之间内在精神性水平的差异分析运用方差分析（采用F值），其他背景特征学生之间的差异分析运用均值比较（采用t值）。（3）差异分析结果不显著的背景特征变量未列入表格。

表5-7 不同背景学生外在精神性水平测试的差异分析结果

<table>
<tr><th colspan="3" rowspan="2">学生的背景特征</th><th colspan="4">外在精神性水平测试得分</th></tr>
<tr><th>均值</th><th>标准差</th><th>F（t）值</th><th>Sig.</th></tr>
<tr><td rowspan="2">个人特征</td><td rowspan="2">性别</td><td>男</td><td>34.15</td><td>6.14</td><td rowspan="2">–2.44</td><td rowspan="2">.015</td></tr>
<tr><td>女</td><td>34.79</td><td>5.32</td></tr>
<tr><td rowspan="15">个人就读特征</td><td rowspan="2">专业</td><td>文科</td><td>35.18</td><td>5.76</td><td rowspan="2">4.24</td><td rowspan="2">.000</td></tr>
<tr><td>理科</td><td>33.98</td><td>5.82</td></tr>
<tr><td rowspan="4">政治面貌</td><td>中共党员（含预备）</td><td>32.67</td><td>4.09</td><td rowspan="4">3.80</td><td rowspan="4">.010</td></tr>
<tr><td>入党积极分子</td><td>36.09</td><td>6.60</td></tr>
<tr><td>共青团员</td><td>34.34</td><td>5.69</td></tr>
<tr><td>群众</td><td>34.58</td><td>6.35</td></tr>
<tr><td rowspan="2">是否担任学生干部</td><td>是</td><td>35.70</td><td>5.88</td><td rowspan="2">8.25</td><td rowspan="2">.000</td></tr>
<tr><td>否</td><td>33.46</td><td>5.47</td></tr>
<tr><td rowspan="5">学业成绩排名</td><td>前10%</td><td>36.94</td><td>6.69</td><td rowspan="5">18.66</td><td rowspan="5">.000</td></tr>
<tr><td>11%—25%</td><td>35.16</td><td>5.71</td></tr>
<tr><td>26%—50%</td><td>34.80</td><td>5.44</td></tr>
<tr><td>51%—75%</td><td>33.77</td><td>5.29</td></tr>
<tr><td>后25%</td><td>32.11</td><td>6.13</td></tr>
<tr><td rowspan="6">家庭背景特征</td><td rowspan="2">生源地</td><td>沪籍</td><td>35.05</td><td>6.01</td><td rowspan="2">3.16</td><td rowspan="2">.002</td></tr>
<tr><td>非沪籍</td><td>34.14</td><td>5.62</td></tr>
<tr><td rowspan="2">独生子女</td><td>是</td><td>34.72</td><td>5.85</td><td rowspan="2">3.30</td><td rowspan="2">.001</td></tr>
<tr><td>否</td><td>33.76</td><td>5.45</td></tr>
<tr><td rowspan="2">母亲文化程度</td><td>高中以下</td><td>33.78</td><td>5.48</td><td rowspan="2">.217</td><td rowspan="2">.001</td></tr>
<tr><td>高中及以上</td><td>34.72</td><td>5.90</td></tr>
<tr><td rowspan="3">毕业期望特征</td><td rowspan="3">个人毕业期望</td><td>不明确</td><td>33.53</td><td>5.51</td><td rowspan="3">8.70</td><td rowspan="3">.000</td></tr>
<tr><td>就业或创业</td><td>34.28</td><td>6.03</td></tr>
<tr><td>读研</td><td>34.98</td><td>5.64</td></tr>
<tr><td rowspan="4">院校组织特征</td><td rowspan="4">院校层次</td><td>985院校</td><td>33.86</td><td>5.47</td><td rowspan="4">4.55</td><td rowspan="4">.004</td></tr>
<tr><td>211院校</td><td>34.02</td><td>5.66</td></tr>
<tr><td>二本院校</td><td>34.93</td><td>5.97</td></tr>
<tr><td>三本院校</td><td>34.93</td><td>5.91</td></tr>
</table>

注：（1）外在精神性水平测试由关怀伦理、慈善参与、普遍的世界观3个维度构成，满分为51分。（2）不同政治面貌、不同学业成绩排名、不同个人毕业期望、父母对子女不同毕业期望、不同学校层次学生之间外在精神性水平的差异分析运用方差分析（采用F值），其他背景特征学生之间的差异分析运用均值比较（采用t值）。（3）差异分析结果不显著的背景特征变量未列入表格。

（1）就个人特征而言，不同性别的学生，不论是总体精神性水平，还是内在、外在的精神性水平，均存在显著差异，且女生显著高于男生。这说明样本学生中，女生在大一阶段的精神性发展优于男性，对自我的认知、精神性的追求、对他人的关怀及联系等相对更成熟一些。

（2）就个人就读特征而言，不同专业、学业成绩、学生干部经历、政治面貌的学生，不论是总体精神性水平，还是内在、外在的精神性水平，均存在显著差异。第一，从专业来看，文科学生的精神性水平显著高于理科学生。这可能与文科更倾向于思辨、人文关怀等有关，不同的专业学习经历会潜在影响学生的思维方式和态度、价值观等。第二，从专业成绩排名来看，成绩越好的学生其精神性水平越高。这可能是因为学业排名靠前的学生其自我效能感相对更高，更加学有余力，精神性追求可能更丰富。第三，从学生干部经历来看，大学期间担任过学生干部的学生，其精神性水平显著高于没有此类经历的学生。这可能是因为学生干部在学生组织中的各方面历练能提升其综合素养，精神性的成熟度也更高一些。第四，从政治面貌来看，学生入党积极分子的精神性水平显著高于其他群体。

（3）就家庭背景特征而言，不同生源地、是否独生子女、父母亲文化程度不同的学生其精神性水平存在显著差异，但在总体、内在、外在精神性水平上有所区别。第一，从生源地来看，沪籍学生的总体及外在精神性水平显著高于非沪籍学生，但两类学生在内在精神性水平上并不存在显著差异。这一方面可能是因为沪籍学生存在“土著”优势，对当地的自然、人文环境等更熟悉，精神上的孤独、离群等负面情绪相对少见，也更容易和周围人互动。且上海作为我国发达的一线城市之一，更可能给予当地学生更广阔的视野、世界观等外在精神性特质。但两类学生群体在自我的精神追求和内心宁静状态上却没有显著的差异。第二，从是否为独生子女来看，独生子女的总体、内在和外在精神性水平均显著高于非独生子女。这一结果也在某种程度上有悖于人们的常识理解——独生子女，尤其是90后，较为自私自利、过于自我等。相反，本研究中的独生子女的精神性成熟度相对更高。这也在一定意义上提醒我们要用客观、适当的眼光看待这一群体。第三，从父母亲的文化程度来看，除了父亲文化程度不同的学生在外在精神性水平上没有显著差异以外，父母文化程度越高，尤其是母亲的文化程度越高，子女的总体、内在和外在精神性水平均显著更高。这从一定意义上佐证了父母的文化程度会潜移默化地影响孩子。相对而言，文化程度较高的父母可能更为开明，思维更加开阔，对孩子精神层面的启发与引导也更为注重和有效。其中，母亲的文化程度更为直接和深入地影响着孩子的精神性发展。

（4）就个人及家庭期望特征而言，不同毕业期望的学生其精神性水平存在显著差异，但在总体、内在、外在精神性水平上有所区别。除了父母期望不同的学生在外在精神性水平上没有显著差异以外，个人毕业期望为读研的学生其精神性水平最高，毕业后无明确打算的学生其精神性水平最低，打算毕业后就业或创业的学生其精神性水平处于两者之间。这在一定程度上说明，大学生对自己的生涯规划有清晰的认识有利于其精神性层面的发展。

（5）就院校组织特征而言，不同层次院校的学生在总体、内在和外在的精神性水平上均存在显著差异。具体而言，二本、三本院校学生的精神性水平总体高于985、211院校的学生，这一结果从某种程度上有悖于我们的日常认知。这可能一方面是存在抽样局限，另一方面是在高选拔性的重点大学中，大一新生面临的竞争压力更大，其精神性发展在这一阶段面临的困惑相对更突出。

综上所述，相对而言，女生、文科学生、学业成绩好的学生、担任过学生干部的学生、学生入党积极分子、非重点大学的学生、沪籍学生、独生子女学生、父母文化程度较高的学生、毕业后打算读研的学生，其精神性水平更高。由此，“不同背景大学生的精神性水平存在显著性差异”这一研究假设得到了验证。

4. 大学生精神性水平的影响因素分析

基于上述差异分析的结果，影响大学生精神性水平的可能因素包括个人特征、个人就读特征、家庭背景特征、个人及家庭期望特征、院校组织特征等一系列学生背景特征。此外，根据国内外已有研究结论，大学生就读期间的人际互动，尤其是与教师、同学的互动情况，以及其他一些如社团活动的参与经历，或上网成瘾等个人实践，也可能对其精神性水平产生影响。为了解这些可能的因素是否会对学生的精神性水平产生显著性影响，如果会，具体影响程度是多少，需要建立以下模型：

学生精神性水平（总维度&分维度）=F（学生背景特征、校园人际互动、课外活动参与）

表5-8 总体、内在、外在精神性水平模型的统计及计量检验结果

	F	Sig	调整R方	Durbin-Watson
总体精神性水平	66.295	.000	.281	1.984
内在精神性水平	46.534	.000	.259	1.958
外在精神性水平	71.570	.000	.249	1.981

由表5-8可知，三个模型的总体显著性检验F值分别为66.295、46.534和71.570，检验均通过。调整后的R方分别为0.281、0.259和0.249，说明模型整理解释力尚可。DW值分别为1.984、1.958和1.981，非常接近2，说明模型不存在显著的自相关。总体而言，三个模型基本通过检验。

表5-9 回归结果——学生精神性水平的影响因素分析

			总体精神性水平	内在精神性水平	外在精神性水平
	自变量		回归系数B	回归系数B	回归系数B
个人特征	性别	女			
		男	–2.561***	–1.709***	–1.082***
	民族	少数民族			
		汉族	—	—	—
	宗教信仰	无宗教信仰			
		有宗教信仰	—	—	—
个人就读特征	学业成绩排名	后50%			
		前50%	2.414***	1.775***	1.103***
	是否担任学生干部	否			
		是	2.110***	1.058**	.960***
	专业	理科			
		文科	—	—	—
	政治面貌	群众			
		中共党员	—	—	—
		预备党员	—	—	—
		积极分子	—	—	—
	住宿	校内宿舍			
		校外宿舍	—	—	—
		家里	—	—	—
		校外租房	—	—	—
		其他	—	—	—
	当前专业	第一志愿			
		第二或其他志愿	—	—	—
		调剂专业	—	—	—
		调换专业	—	—	—
家庭背景特征	生源地	非沪籍			
		沪籍	—	—	—
	是否为独生子女	否			
		是	—	—	—
	父亲文化程度	高中及以上			
		高中以下	—	—	—
	母亲文化程度	高中及以上			
		高中以下	—	—	—

［续表］

自变量			总体精神性水平	内在精神性水平	外在精神性水平
			回归系数B	回归系数B	回归系数B
家庭背景特征	学费负担	不能，需借款			
		能，占家庭收入较大	—	—	—
		能，占家庭收入较小	—	—	—
期望特征	个人毕业期望	读研			
		不明确	–1.507*	–1.080**	—
		就业或创业	–1.303*	–1.302**	—
	父母毕业期望	读研			
		不明确	—	—	—
		就业或创业	—	—	—
院校组织特征	院校层次	三本院校			
		985院校	—	—	—
		211院校	—	—	—
		二本院校	—	.895*	—
	院校性质	私立			
		公立	—	—	—
校园人际互动	与教师互动频率		1.066***	.578***	.442***
课外活动参与频率	学生会社团活动	较多			
		不或较少	–3.949***	–2.014***	–1.827***
	心理咨询活动	较多			
		不或较少	—	—	—
	就业指导活动	较多			
		不或较少	—	—	—
	勤工俭学或兼职	较多			
		不或较少	—	—	–1.210**
	体育锻炼	较多			
		不或较少	–3.848***	–2.575***	–1.611***
	各种娱乐活动	较多			
		不或较少	–1.988**	–1.142**	–.710*
	上网成瘾	较多			
		不或较少	2.512*	1.865*	—
常数项			66.618***	36.550***	32.305***

注：（1）因变量：总体精神性水平得分（取值在24到111之间），内在精神性水平得分（取值在13到60之间），外在精神性水平得分（取值在11到51之间）。（2）“与教师互动频率”：由低到高分成“从未、偶尔、经常、常常”四个级别。（3）多元线性回归；*<.05，**<.01，***<.001。（4）“—”表示该自变量未通过$\alpha=0.05$显著性检验。

由回归分析结果可知，整体而言，学生性别、学业成绩、学生干部经历、个人毕业期望（外在精神性水平除外）等学生背景特征，就读期间与教师的互动，以及参与学生会社团活动、体育锻炼、娱乐活动、勤工俭学活动（总体及内在精神性水平除外）、上网（外在精神性水平除外）等课外活动的经历，对大学生总体、内在和外在精神性水平有显著性影响，或者说是决定大学生精神性水平高低的主要影响因素。

从性别来看，在其他条件相同的情况下，女生比男生的总体、内在和外在精神性水平测试得分均显著更高，说明女生的精神性水平相对更高。从学生成绩排名来看，在其他条件相同的情况下，排名靠前的学生比排名靠后的学生总体、内在及外在精神性水平都显著更高。从学生干部经历来看，在其他条件相同的情况下，担任过学生干部的学生比未担任过学生干部的学生总体、内在及外在精神性水平都显著更高。从学生个人的毕业期望来看，在其他条件相同的情况下，有读研打算的学生比毕业后无明确打算或者毕业后打算就业或创业的学生总体及内在精神性水平显著更高。

从校园人际互动来看，在其他条件相同的情况下，与教师互动频率高的学生比与教师互动频率低的学生总体、内在及外在精神性水平都显著更高。这也印证了国内外已有研究结论，即与教师的各种互动交流，包括和教师讨论课内外所学的东西、讨论自身的职业规划，教师关心学生的成长进步，师生之间能愉快沟通等，是促进大学生精神性水平发展的积极因素。

从课外活动参与来看，在其他条件相同的情况下，在学生会社团活动、体育锻炼、娱乐活动等课外活动中参与频率高的学生其总体、内在及外在精神性水平均显著更高；在勤工俭学或者兼职活动中参与率高的学生其外在精神性水平显著更高。这说明上述课外活动的参与对大学生精神性水平的提升具有明显的促进作用。但是，阿斯汀等人关于大学生信仰与价值观的研究指出，大学生课外活动参与中也存在着妨碍其精神性水平发展的因素。本研究回归分析结果表明，在课外时间上网成瘾的学生其总体和内在精神性水平显著较低。对此，来自阿斯汀团队的一种可能的解释是，长时间沉迷网络会大幅度削弱大学生进行精神性探索与思考的时间和精力，且人际互动的频率也会大量减少，同时，上网成瘾可能给予学生很多负面信息或者情绪，例如暴力倾向、过度紧张等①。

综上所述，大学生精神性水平的影响因素包括：学生性别、学业成绩、学生干部经历、个人毕业期望等学生背景特征，就读期间与教师的互动交流，以及参与各类课外活动，例如学生会社团活动、体育锻炼、娱乐活动、勤工俭学及上网等活动。这一回归分析结果在较大程度上印证了上述差异分析结果。由此，“大学生精神性水平的影响因素包括学生背景特征、校园人际互动及课外活动参与”这一研究假设得到了基本验证。

五、研究结论与建议

本研究在回顾大学生精神性相关理论和实证研究的基础上，利用四所案例高校的问卷调查数据，对大学生精神性水平的现状、差异及影响因素进行了深入的实证研究。综合统计及计量回归分析结果，得出以下研究结论。

1. 大学生的精神性测试得分整体处于中等区段，换言之，大学生的精神性水平整体为中等。大学生对自我精神性成熟度的认知较为清晰和认可，但仍存在上升空间。

① ASTIN A W, et al. Cultivating the spirit: how college can enhance students' inner lives [M]. San Francisco: Jossey-Bass, 2011: 60.

2. 大学生精神性水平的影响因素包括：性别、学业成绩、学生干部经历、个人毕业期望、与教师的互动、参加社团活动、进行体育锻炼、参加娱乐活动、勤工俭学或兼职以及上网成瘾等。相较而言，女生，学业成绩好的学生，担任过学生干部的学生，毕业后打算读研的学生，与教师互动交流多的学生，更多参与社团、娱乐、体育锻炼、勤工俭学等课外活动的学生，其精神性水平更高。与一些已有研究，尤其是具有代表性的阿斯汀团队的研究结论不同，本研究发现宗教信仰并不构成学生精神性水平的显著影响因素，可能的解释是中西方文化在此方面存在巨大差异，美国的宗教传统历史悠久，而在我国宗教话语体系并非主流。

上述研究结论引发我们进一步思考：如何在本科四年让大学生的精神性水平有更进一步的提升？在提高学生的学业成绩、认知水平的同时，让大学生的精神世界更为丰盈，使其成为一个有精神追求、内心成熟，具有关怀意识以及多元包容世界观的人，是高校全人教育的重要使命之一。但是，目前我国高校在实际工作中对学生的精神性发展重视程度不够，专业化的引导和支持不足，学生对此的自我发展意识还有待提升。因此，本研究在实证分析的基础上提出些许建议，以期为改进上述问题提供一些参考。

首先，重视大学生的精神性发展，尽可能提供引导和支持的平台，有针对性地施加积极影响。本研究实证分析发现，大学生的精神性水平在学生群体内部有一定的分化，水平相对较高的主体是学业成绩更优秀、有学生干部经历、社会活动经历更丰富的“精英”学生群体。如果一所高校想要致力于提高学生整体的精神性水平，需要着眼于全体学生，通过已知的促进因素来施加积极影响。比如，男生的精神性水平显著低于女生，可以开展有针对性的性别研究，发现引发差异的具体因素及应对措施，让男生群体的精神性发展更加成熟。再如，学生干部经历、学生会和社团活动参与等经历能有效促进学生精神性水平的提升，可以鼓励和引导学生在学有余力的情况下适当增加社交经历。值得一提的是，无论是本研究还是阿斯汀等人的研究都表明了教师在大学生精神性发展中扮演着重要角色。作为教育者，高校教师要努力通过多种途径关心和指导学生的精神性成长，在课堂上与他们一起讨论和反思，在课外形式多样地鼓励他们探索自身的精神性。

其次，推进大学生精神性水平的阶段性评估工作，注重大学生的自我评估。大学生的精神性水平是动态发展的，在就读期间具有较强的可塑性。为了最大限度、最有效地促进学生的精神性发展，高校应当阶段性地评估学生的精神性水平发展状况，以便给予学生及时有效的引导。国内高校不妨尝试借鉴美国高等教育同行的做法，在学生大一时进行全方位的测试和评估，了解他们的精神性发展初始水平，一段时间后再进行追踪调查，发现存在的问题并及时解决。即便国内高校囿于各种条件制约无法模仿，至少我们可以探索自身行之有效的机制。在大学生精神性水平的评估中，除了学校的引导，不能忽视学生自我评估的重要作用，这也是从侧面激励他们探索和反思自身精神性发展的有效途径。

六、研究局限与反思

本研究采用上海市四所案例高校的调查数据，且样本学生均为大一新生，因此，结论只局限于样本学校该年级的学生，无法推广至其他省份、其他年级的大学生。

本研究的调查工具是研究者在借鉴国外权威问卷基础上自编的问卷，信效度可能存在一定的不足，且问卷题目多为自陈式，而运用自陈式量表的前提是被调查者能清楚了解自己并如实报告自身情况，因此，就测量效度而言，自陈式量表不及标准化测验。但是，高等教育不同于基础教育，不同背景特征学生的学习经历和收获存在较大差异，且纵览国内外已有相关实证研究可以发现，绝大多数调查工具依然采用学生自陈式量表的形式。

由于各方面条件和资源有限，本研究调查数据为一次性的横截面数据，无法效仿阿斯汀等人在全美开展的大规模纵向研究。其纵向研究，即在学生刚迈入大学校园时进行首次测量，将其作为参考基点，然后在大三结束时再次测试，以比较前后差异。因此，未来的研究应尽可能具有时序性和伸展性。

本研究主要关注大学生精神性水平的影响因素，至于在学生精神性发展过程中，老师和同辈们的具体影响机制，学生精神性发展的实际效果都尚未涉及。未来还需要更丰满、更深入的实证研究。

> 精神性对学生的人生具有重要意义。那些盘旋在心间的重大问题：我是谁？我的价值观是什么？我对生活负有使命吗？我为什么上大学？我想成为怎样的人？我想为建造怎样的世界而奋斗？学生如何处理这些重大问题会明显影响其如课程、专业及职业等的实际选择，也会直接影响其品格发展，包括自我理解、平静、关怀和社会责任感。
>
> ——阿斯汀

第六章

大学生校园住宿环境的满意度

>> 大学校园住宿管理是高校学生事务管理的重要实践领域，具有不可替代的育人功能。本章在回顾国外大学生住宿管理相关研究的基础上，利用案例高校学生调查数据，对大学生校园住宿环境满意度的现状、差异及影响因素进行了深入的实证研究。

一、问题的提出

19世纪英国著名教育家纽曼曾说："假使给我两个大学，一个没有住院生活和导师制度，而只凭考试授予学位，一个是没有教授和考试，而只聚集着几辈少年，过三四个年头的学院生活，假使要我选择其一，我将毫不犹豫地选后者[①]。"纽曼所看重的学院生活，实则体现的是大学住宿生活对学生发展所产生的隐性教育功能。香港大学前副校长、著名教育学者程介明先生在香港大学学生宿舍担任了18年的舍监，离任时依依不舍，他感言："大学宿舍是年轻知识分子学会共同生活的地方，是学生自治的理想实验室。"源于欧洲、成熟于美国的大学寄宿制管理，作为高校学生事务管理的重要实践领域，它发挥着不可替代的育人功能，也已对许多发展中国家的高校住宿管理产生了深刻影响。近年来，我国高教领域在学术研究和政策实践上都愈加关注大学生住宿管理及其教育功能，相关研究热度不断攀升，各高校住宿学院改革层出不穷。这不仅是欧美高校寄宿制管理理念的辐射结果，也反映了我国后大众化高等教育阶段学生事务管理专业化和人才培养质量提升的现实需求。

我国高校学生住宿管理主要实行统一的校园集中居住模式。大学四年中，学生宿舍不仅仅是大学生们的主要居住空间，也是他们在课外相互交流、相互"碰撞"的重要场所。宿舍生活是整个大学校园生活的重要组成部分，也是未来关于母校生活美好回忆的重要环节。既然住宿生活和住

① 金耀基. 大学之理念 [M]. 北京：生活・读书・新知三联书店，2001：10.

宿管理如此重要，那么，作为大学校园住宿的主体，我国日益多元化的大学生群体是如何看待他们大学四年的住宿生活的？大学校园的住宿硬件及软件环境是否满足了学生个体和群体的需求？不同背景的大学生对住宿环境的满意度有何差异？学生背景特征、课内外活动参与与其住宿满意度有何关联性？影响大学生住宿满意度的重要因素有哪些？为回答上述问题，本章以学生参与理论为基础，在回顾国外大学生住宿管理相关研究的基础上，利用案例高校的学生调查数据，对大学生校园住宿环境满意度的现状、差异及影响因素进行了深入的实证研究。本研究中，“住宿环境满意度”指学生对校园住宿硬件条件以及住宿管理服务的满意程度。从学生满意度的角度，评估大学校园住宿环境并提出改进建议，有助于推动大学生住宿管理专业化，最终促进学生的全人发展。

二、文献述评

源于欧洲的大学寄宿制管理，最终成熟于美国的大学校园[①]，尤其是私立一流大学。这种成熟不仅反映在大学寄宿制管理实践日益专业化，也体现在这一领域实证研究的不断深化和研究成果的逐步累积。从学生视角来评估大学住宿管理的有效性，是已有实证研究关注的核心问题。下文将从大学生住宿满意度以及住宿对大学生发展的影响两个方面，对美国这一领域的研究做简要综述。

① 美国大学的寄宿制管理主要经历了三个阶段：一是殖民时期的英国模式，大学将学生、员工和导师集中在宿舍，打造学生学习的寄宿环境；二是19世纪的德国模式，大学对校园寄宿几乎漠不关心；三是20世纪的美国本土模式，大学对学生住宿重燃兴趣，住宿环境呈现多姿多彩的发展趋势，住宿以外的功能开始逐步拓展。

1. 大学生住宿满意度

学生是大学校园住宿的主体，学生满意与否是衡量住宿管理有效性的首要指标。学生住宿的满意度可以直观地反映学校住宿管理的优点和不足，满意度调查已经成为住宿管理者评估住宿项目和预测大学生学习结果的重要途径之一①。

阿斯汀在调查大学生校园满意度时发现，相较于走读生，住宿生对大学校园环境和个人就读经历的满意度更高②③。因为住宿生比走读生拥有更多参与校园互动的机会，如果学生花费更多的时间参与校园中各类学术及社会性互动，学生对校园生活的整体满意度就会更高。既然校园住宿与学生就读满意度之间可能有一定的关联性，那么，选择在校园中住宿的大学生对学校的住宿条件和住宿管理是否满意呢？沃茨·理查德（Wertz Richard D.）通过问卷调查探究学生对大学校园住宿环境的态度和看法。调查结果表明，学生对校园住宿环境的满意度较高，学生可以在宿舍休息、独处、安静学习、聚会、结交朋友以及寻求各方面的帮助和自我发展④。此外，埃仁·麦科伊等人分别调查了学生个人背景、生活环境和学术环境对学生住宿满意度的影响。研究表明，不论是学生个人特征，还是大学组织特征，都对学生的住宿满意度有一定影响，比起住宿制度、住宿活动项目或其他环境变量，学生个人的生活经历对其住宿满

① 李湘萍，马娜，洪成文. 美国大学生寄宿管理：历程、价值及发展趋势研究 [J]. 中国高等教育，2012(1).

② ASTIN A W. Four critical years [M]. San Francisco: Jossey-Bass, 1977.

③ 我国目前绝大部分高校在大学生住宿管理上依然实行统一的校园集中居住模式。本研究所涉及的案例高校也不例外，约95%的被调查学生本科四年都居住在学校宿舍，因而本研究不关注学生住校与否对其就读满意度和个人发展的影响。

④ WERTZ R D, et al. A report of the perceptions of students regarding the residence halls at the University of South Carolina [R]. U.S. Department of Health, Education&Welfare, Office of Education, 1976.

意度的影响更为深远①。

对学生住宿满意度的调查和研究，体现了专业化的大学生住宿管理中了解学生、尊重学生实际需求与感受的理念和趋势。学生满意度的调查结果也为改进大学住宿管理指明了方向。住宿管理的研究者和实践人员可以从大学生的实际需求出发，在改善住宿硬件设施的同时，着力提供更为丰富、适切的住宿活动项目和更高水准的管理服务，以提高学生在课堂之外的学习参与度和社会性参与度，促进学生全人发展。

2. 住宿对大学生发展的影响

阿斯汀具有开创性的实证研究结果表明，在控制其他影响因素的情况下，相对于走读生，住校大学生的认知及社会性发展水平都更高②。住宿生的学习成绩和社交能力往往比走读生略胜一筹，毕业后倾向于追求更高的学位，职业发展前景也更好。阿斯汀认为这种积极影响的真实作用机制在于校园住宿提高了学生在有意义活动中的参与程度。阿斯汀的研究在政策实践层面唤醒了人们对大学寄宿制价值的再认与重视。此后大量的实证研究不断印证：校园住宿通过提高大学生参与度进而促进学生的全人发展。当然，也有少数学者对校园住宿的影响持中立态度。他们认为，住宿既可能促进学生在校园文化中的融合，增加人际交往，保证学生的归属感和智力追求，也有可能构建一个虚幻的社区，封闭学生的视野，抑制学生的发展。尽管不同的研究结论并不完全一致，但大学寄宿制生活对学生学术能力和人际交往能力的深刻影响还是引起了高等教育界的广泛关注。越来越多的高校开始注意开发和拓展寄宿制的教育功能，着力打造促进学生全人

① MCCOY E, LI Yan, et al. Contributors to student satisfaction with special program(fresh start)residence halls [J]. Journal of College Student Development, 2005(3).

② ASTIN A W. Four critical years [M]. San Francisco: Jossey-Bass, 1977.

发展的“第二课堂”。

美国大学住宿管理的相关研究与实践都表明，专业化的住宿管理对提高学生校园活动参与度、提升就读满意度以及促进学生全人发展都有不同程度的积极影响。我国高校住宿管理从历史、理念、功能，到管理体制、从业人员及具体服务内容，与美国专业、成熟的大学寄宿制管理有较大差异和差距。自扩招后，我国高校纷纷增加投入，以改善住宿硬件设施；不少大学尝试创建各自的住宿学院，开始增强大学生住宿管理中的服务和育人意识。但从目前住宿管理机构和人员的专业化程度来看，我国高等教育管理尚未开启住宿管理的专业化进程。差距不仅表现在管理实践上，也体现在学术研究中。我国近年来关于大学生住宿管理的研究热度虽然在不断升温，但深入、规范的实证研究还很缺乏，特别是缺少从学生视角来评估大学住宿管理效能的研究。本研究尝试从学生视角入手，以满意度为主要指标，利用案例高校[①]学生调查的微观数据，对中国当前高等教育情境下大学生住宿环境进行实证评估，并据此提出更为专业化的改进建议。

三、数据与研究方法

1. 研究思路

在回顾美国大学生住宿管理相关研究的基础上，本研究将围绕大学生校园住宿环境满意度的现状、差异及影响因素展开具体的实证分析。实证分析的主要内容包括：(1) 学生校园住宿满意度的现状分析。(2) 学生校园住宿满意度及其影响因素分析，具体包括：不同背景学生校园住宿满意度

① 为控制学生住宿满意度在院校间的差异，突出院校内差异，本研究对同一所高校内学生课内外活动参与、学生住宿满意度进行了深入的微观调查，从而弥补大样本调查数据的不足。这样能较为准确、客观地反映学生住宿满意度的差异及其影响因素。

的差异分析、学生背景特征与其住宿满意度的相关性分析、学生课内外活动参与与其住宿满意度的相关性分析、学生住宿满意度的影响因素分析。

2. 研究方法

本研究实证分析部分采用传统统计、计量回归相结合的方法。其中，统计分析包括统计描述、均值比较、方差分析、相关分析以及探索性因素分析；计量回归分析主要包括逻辑斯特回归分析。

3. 数据来源与样本特征

本章研究数据与第三章相同，来自2012年对北京地区一所案例高校（下文简称A校）的2766名本科生进行的一项关于学风状况的问卷调查。A校是北京市属一般本科院校，共有3个校区，学校现有全日制本科生约10000人，教职工1300余人，其中专任教师700余人。全校共有9个学院，以工科为主，兼有文理学科，以培养应用型人才为主。此次调查工具为研究者自编问卷，问卷主要包括三部分：学生基本背景信息、学生课内外活动参与、学生发展及满意度。本次问卷调查在抽样框（学生总体分布及名录）的基础上，采取严格的多阶段分层随机抽样与比例抽样相结合的方法，共发放问卷3500份，实际回收2766份，问卷回收率为79%。样本学生来自全校9个学院，男生占57.8%，女生占42.2%。

4. 研究假设

根据学生参与理论以及大学生住宿管理满意度的相关研究结果，本研究提出以下研究假设：

（1）不同背景学生住宿满意度存在显著性差异；

（2）学生背景特征与其住宿满意度存在显著相关；

（3）学生课内外活动参与与其住宿满意度存在显著相关；

（4）学生住宿满意度影响因素包括学生背景特征、学生课内外活动参与以及校园人际互动。

四、研究结果

1. 问卷的信效度分析

（1）信度分析

由于本研究调查问卷主体部分的题项设计大多采用多项选择，例如李克特量表形式，因此，在对问卷进行信度分析时，更适宜采用克隆巴赫（Cronbach）的Alpha系数来估计其内部一致性信度（internal consistency reliability）。分析结果表明，问卷总体的信度系数为0.961，各部分的信度系数均在0.80以上（见表6-1）。这说明该问卷信度良好，各部分题项设计合理，表明测量结果受随机误差的影响较小，测量工具的一致性和稳定性较高。

表6-1 问卷总体及各部分的内部一致性信度系数

		Cronbach's a
问卷总体		0.961
问卷各部分	学生参与	0.861
	学生发展	0.929
	学生满意度	0.949

（2）效度分析

本研究采用探索性因素分析(exploratory factor analysis，简称EFA)的正交方差最大法（varimax）进行主成分分析（principal components analysis），以检测问卷的结构效度（construct validity）。分析结果表明，问卷各部分的KMO系数值均在0.85以上，Bartlett's球形检验结果显著（见表6-2），表明问卷各部分适合做因素分析。经主成分分析法提取因子，并按照正交方差最大法进行因子旋转，从问卷各部分提取出若干公共因子，相应解释总方差变异的58.188%、63.112%、61.432%，说明问卷各部分题项设计合理，效度良好。

表6-2 问卷各部分的探索性因素分析结果

问卷各部分	KMO系数	Bartlett's球形检验 Sig.	累积方差贡献率
学生参与	0.890	.000	58.188%
学生发展	0.964	.000	63.112%
学生满意度	0.956	.000	61.432%

2. 学生校园住宿满意度的现状分析

通过对学生校园住宿满意度现状的描述统计进行分析，可以发现，总体而言，样本学生的住宿满意度偏低。首先是对住宿硬件条件的满意度，只有17.4%的样本学生表示“满意”或“很满意”。其次是对住宿管理服务的满意度，约30%的样本学生表示“满意”或“很满意”。相较而言，对宿舍内部人际关系的满意度最高，54%的样本学生表示“满意”或“很满意。这表明案例高校的住宿硬件条件并没有很好地满足学生的需求，学生目前的主要诉求还停留在改善住宿硬件条件方面。但这并不说明学生对住宿管理服务就没有要求，只是目前还不十分迫切，它暂时被搁置。在住宿硬件条件得到改善之后，学生希望学校提升住宿管理服务质量的呼声会越来越强烈。而相对于硬件条件的改善，住宿管理服务等软件方面的提升则更是一项长期、复杂的工程。样本学生对宿舍内部人际关系的满意度最高，说明在大学宿舍这样一个学生学会自治的理想实验室中，学生个人的成长及良好人际关系的建立并没有在很大程度上受制于住宿硬件条件及管理服务质量。

表6-3 学生住宿满意度基本情况

		有效百分比	均值	标准差
对住宿硬件条件的满意度	①很不满意	18.2%	2.47	1.02
	②不满意	35.9%		
	③无意见	28.5%		
	④满意	15.3%		
	⑤很满意	2.1%		
对住宿管理服务的满意度	①很不满意	8.8%	2.94	1.00
	②不满意	22.5%		
	③无意见	38.8%		
	④满意	25.5%		
	⑤很满意	4.4%		
对宿舍内部人际关系的满意度	①很不满意	3.4%	3.55	.97
	②不满意	8.4%		
	③无意见	34.2%		
	④满意	37.8%		
	⑤很满意	16.2%		

3. 不同背景学生校园住宿满意度[①]的差异分析

为探讨不同背景学生住宿满意度是否存在显著差异，具有哪些背景特征的学生对校园住宿的满意度更高，需要对不同背景学生的住宿满意度进行统计描述、均值比较与方差分析。结果如下：

① 本研究的差异分析、相关分析及影响因素分析中，住宿满意度均包括住宿硬件条件满意度及住宿管理服务满意度两个方面。

表6-4 不同背景学生住宿满意度的差异分析结果

学生背景特征			住宿硬件条件满意度			住宿管理服务满意度		
			均值	标准差	F（t）值	均值	标准差	F（t）值
个人特征	性别	女	2.32	.94	6.887***	2.86	1.00	3.661***
		男	2.58	1.07		3.00	1.00	
个人就读特征	年级	一年级	2.39	.97	15.525***	2.97	1.01	1.341
		二年级	2.39	1.02		2.89	.99	
		三年级	2.43	1.04		2.92	.99	
		四年级	2.72	1.04		2.99	1.03	
	专业	文科	2.42	1.04	1.815	2.86	1.06	2.751***
		理科	2.50	1.01		2.98	.97	
	学业成绩排名	前10%	2.53	1.03	.749	2.89	1.03	2.354*
		11%—25%	2.43	1.01		2.88	1.02	
		26%—50%	2.48	.99		3.03	.98	
		51%—75%	2.47	1.05		2.95	1.03	
		后25%	2.47	1.09		2.90	.94	
	学生干部经历	没有	2.52	1.03	1.989*	2.97	.99	1.542
		有	2.44	1.01		2.91	1.01	
	宿舍同学专业	不同	2.53	1.01	.943	2.88	1.01	1.073
		完全相同	2.47	1.02		2.95	1.00	
家庭背景特征	生源地	农村	2.75	1.02	8.032***	3.07	.98	2.170
		乡镇	2.45	1.06		3.07	1.01	
		县级市	2.47	1.01		2.94	.96	
		地级市	2.40	1.01		2.89	1.08	
		直辖市/省会城市	2.43	1.02		2.94	.98	
	是否为独生子女							
		否	2.57	1.03	3.845***	2.97	1.01	1.023
		是	2.41	1.01		2.93	1.00	
个人期望特征	个人毕业期望	不明确	2.29	.94	13.392***	2.83	.98	6.112*
		就业或创业	2.57	1.04		3.01	1.00	
		读研	2.40	1.01		2.89	1.00	

注：（1）住宿硬件条件满意度（或住宿管理服务满意度）：=1表示很不满意，=2表示不满意，=3表示无意见，=4表示满意，=5表示很满意。（2）不同性别、不同专业、不同学生干部经历、不同宿舍同学专业构成、是否为独生子女的学生之间住宿满意度的差异分析运用均值比较（采用t值），其他背景特征学生之间住宿满意度的差异分析运用方差分析（采用F值）。（3）*<.05，**<.01，***<.001。

①就个人特征而言，无论住宿硬件条件满意度还是住宿管理服务满意度，不同性别学生的住宿满意度存在显著差异，男生显著高于女生。这说明相对于男生，女生对改善校园住宿条件及服务的诉求更为强烈。

②就个人就读特征而言，不同年级、专业、学业成绩、学生干部经历的学生其住宿满意度存在显著差异。第一，随着年级的升高，样本学生的住宿硬件条件满意度也在提高，体现了随着自然年龄的增长、年级的升高以及对校园生活的逐步适应，学生对住宿环境的认可度与包容性在不断增强，这也是他们成长、成熟的一部分。第二，从专业来看，理工科学生的住宿管理服务满意度高于文科学生。一方面，这种差异可能来自文理科专业学生性别比例不同，理工科专业男生多女生少，而上文分析表明男生的住宿满意度高于女生。另一方面，差异可能来自文理科专业对学生学习形式、思维方式等的影响不同。相对而言，理科生在实验室学习的时间较多，因而待在宿舍的时间较少，而文科生往往对周边的环境更为敏感，更喜爱批判，所以，理科学生的住宿管理服务满意度高于文科学生也在情理之中。第三，从学业成绩排名来看，排名在前25%的学生其住宿管理服务满意度最低，满意度最高的是排名在26%—50%中等成绩的学生。第四，从学生干部经历来看，学生干部与普通学生之间在住宿满意度方面也有差异。相较于普通学生，学生干部的住宿硬件条件满意度更低。作为本科生中的“精英”，学生干部积极参与课外活动，其学业成绩也往往更优秀，他们对校园环境的要求，一如他们对自身的要求一样严格，因此，他们对校园住宿满意度更低。

③就家庭背景特征而言，不同生源地学生的住宿满意度存在显著差异。相较于城镇学生，来自农村的学生的住宿硬件条件满意度更高。一种可能的解释是，在进入大学之前，城乡学生的家庭、教育环境特别是物质环境有较大差异，农村学生对城镇学生所诟病的大学住宿条件，表现出了较强的适应性和包容度。此外，相对于非独生子女家庭的大学生，独生子女家庭的大学生表现出了较低的住宿硬件条件满意度。这是因为，家庭子

女数量的不同不仅直接关系到子女人均占有物质资源的多寡，也会影响子女对物质生活环境的需求和评价。

④就个人期望特征而言，无论住宿硬件条件满意度还是住宿管理服务满意度，不同毕业期望学生的住宿满意度存在显著差异。本科毕业后打算就业或创业的学生，其住宿满意度最高。这可能是因为打算就业或创业的学生有着明确的生涯规划，对宿舍生活环境本身并没有太多注意，也可能是因为这些学生更加务实，对住宿环境的需求不太“挑剔”。

综上所述，相对而言，男生、高年级学生、理科学生、学业成绩中等的学生、未担任过学生干部的普通学生、来自农村的学生、非独生子女家庭的学生、毕业后打算就业或创业的学生，住宿满意度更高。由此，“不同背景学生住宿满意度存在显著性差异”这一研究假设得到了验证。

4. 学生背景特征与其住宿满意度的相关性分析

通过对学生背景特征与其住宿满意度进行相关性分析，有以下发现。

①就个人特征而言，学生性别与其住宿满意度存在显著相关。从相关系数来看，无论住宿硬件条件满意度还是住宿管理服务满意度，男生的住宿满意度都显著高于女生。这一结果再次印证了上述差异分析的结论。

②就个人就读特征而言，学生的年级、专业、学生干部经历与其住宿满意度存在显著相关。以住宿硬件条件满意度的相关系数为例，相较于低年级学生、文科学生、担任过学生干部的学生，高年级学生、理科学生、未担任过学生干部的普通学生住宿满意度显著更高。这一结果部分印证了上述差异分析的结论。此外，通过对比相关系数，可以发现与住宿满意度关联性最强的是学生所处年级。这说明了学生住宿满意度的提升很大一部分来自其自然年龄的增长、年级的升高以及他们对校园环境的逐步适应与包容。如前文所述，这也是他们大学四年成长、成熟的一部分。

③就家庭背景特征而言，生源地、是否为独生子与其住宿硬件条件满意度存在显著相关。相较于城镇学生，来自农村的学生的住宿硬件条件满

意度显著更高。相对于独生子女，非独生子女大学生的住宿硬件条件满意度显著更高。这一结果部分印证了上述差异分析的结论。

那么，在案例高校中，究竟哪些学生的住宿满意度更高？上述差异分析与相关分析得出了比较一致的结论，即男生、高年级学生、理科学生、未担任过学生干部的普通学生、来自农村的学生、非独生子女家庭的学生。由此，“学生背景特征与其住宿满意度存在显著相关”这一研究假设得到了验证。

表6-5 学生背景特征与其住宿满意度的相关分析结果

学生背景特征		住宿硬件条件满意度	住宿管理服务满意度
个人特征	性别	.126*	.072*
个人就读特征	年级	.107*	.006
	专业	.040*	.050*
	学业成绩排名	.010	–.019
	学生干部经历	.038*	.030
	宿舍同学专业	–.020	.023
家庭背景特征	生源地	.075*	.038
	独生子女	.072*	.017
期望	个人毕业期望	–.025	–.020

**：在.01水平（双侧）上显著相关。　*：在.05水平（双侧）上显著相关。

注：表中“年级”“学业成绩排名”用Pearson相关，其他背景特征用Spearman相关。

5. 学生课内外活动参与[①]与其住宿满意度的相关性分析

通过对学生课内外活动参与与其住宿满意度进行相关性分析，可以发现，无论住宿硬件条件满意度还是住宿管理服务满意度，学生课内外活动参与与其住宿满意度存在显著正相关；学生在课业学习、课外活动中的参

① 学生课内外活动参与包括课业学习参与频率以及课外活动参与频率两个方面，频率的度量由低到高都分成“从未、偶尔、经常、常常”四个级别。

与频率越高，他们的住宿满意度也显著更高。

表6-6 学生课内外活动参与与其住宿满意度的相关分析结果

学生课内外活动参与	住宿硬件条件满意度	住宿管理服务满意度
课业学习参与频率	.094*	.072*
课外活动参与频率	.059*	.103*

**：在.01水平（双侧）上显著相关。 *：在.05水平（双侧）上显著相关。
注：Pearson相关。

6. 学生住宿满意度的影响因素分析

基于上述差异分析、相关分析结果，影响大学生校园住宿满意度的可能因素包括学生背景特征及课内外活动参与。此外，根据国内外已有研究结论，大学生就读期间的人际互动，尤其是与教师、同学的互动情况，也可能对就读满意度产生影响。为了解这些可能的因素是否会对学生住宿满意度产生显著性影响，如果会，具体影响程度是多少，需要建立影响学生住宿满意度的因素分析模型：

$$(Sat)_{Logit}=\beta_0+\sum\beta_{1i}X_i+u$$

变量说明：Sat为住宿满意度（满意=1，不满意=0）；X_i代表学生背景特征、学生课内外活动参与以及校园人际互动的一组虚拟变量；u为随机扰动项；β_0为截距项；β_{1i}为各项的回归系数。

表6-7 回归结果——学生住宿满意度的影响因素分析

自变量			住宿满意度（住宿硬件条件满意度）		住宿满意度（住宿管理服务满意度）	
			回归系数 B	机会比率 Exp (B)	回归系数 B	机会比率 Exp (B)
个人特征	性别	女				
		男	.648***	1.911	.199*	1.220
个人就读特征	年级	一年级				
		二年级	—	—	–.295**	.744
		三年级	—	—	—	—
		四年级	.596***	1.814	—	—
	专业	文科				
		理科	—	—	—	—
	学业成绩排名	排名为后50%				
		排名为前50%	—	—	.232*	1.261
	学生干部经历	没有				
		有	–.256*	.774	–.220*	.802
	宿舍同学专业	不同				
		完全相同	—	—	—	—
家庭背景特征	生源地	农村				
		乡镇	—	—	—	—
		县级市	—	—	—	—
		地级市	—	—	—	—
		直辖市/省会城市	—	—	–.186*	.830
	是否为独生子女	否				
		是	–.455***	.635	—	—
个人期望特征	个人毕业期望	不明确				
		就业或创业	.233*	1.262	.231*	1.259
		读研	—	—	—	—
课内外活动参与	课业学习参与频率		.067**	1.069	—	—
	课外活动参与频率		.042**	1.043	.052***	1.053
校园人际互动	与教师互动频率		—	—	.049***	1.050
	与同学互动频率		—	—	—	—
常数项			–3.246***	.039	–2.453***	.086
Nagelkerke R^2			.207		.204	
样本量			2766		2766	

注：（1）因变量：住宿满意度（=1表示满意，=0表示不满意）。（2）“与教师互动频率”“与同学互动频率”：频率的度量由低到高都分成“从未、偶尔、经常、常常”四个级别。（3）Logistic回归；*<.05，**<.01，***<.001。（4）“—”表示该自变量未通过α=0.1显著性检验。

由回归分析结果可知，学生性别、所处年级、学业成绩、学生干部经历、生源地、是否为独生子、个人毕业期望等学生背景特征，以及就读期间的课内外活动参与和校园人际互动，对学生住宿满意度有显著性影响，或者说是决定学生住宿满意度的影响因素。

从具体回归系数和机会比率可以进一步了解这些因素对学生住宿满意度的影响程度。从性别来看，在其他条件相同的情况下，男生对住宿环境表示满意的可能性比女生明显更高。男生对住宿硬件条件表示满意的机会比率是女生的1.911倍，对住宿管理服务表示满意的机会比率是女生的1.220倍。此外，通过对比各回归系数，可以发现，在所有影响学生住宿满意度的因素中，性别是最明显的因素，或者说是影响学生住宿满意度最强的一个因素。这一结果再次说明，相对于男生，女生对改善校园住宿条件及服务的诉求更为强烈。从年级来看，在其他条件相同的情况下，四年级学生对住宿硬件条件表示满意的机会比率是一年级学生的1.814倍。这再次说明，随着自然年龄的增长、年级的升高以及对校园生活的逐步适应，学生对住宿环境的认可度与包容性在不断增强。从学生成绩排名来看，在其他条件相同的情况下，排名靠前的学生对住宿管理服务表示满意的机会比率是排名靠后学生的1.261倍。从学生干部经历来看，在其他条件相同的情况下，未担任过学生干部的普通学生对住宿环境表示满意的可能性比学生干部明显更高。普通学生对住宿硬件条件表示满意的机会比率是学生干部的1.292倍，对住宿管理服务表示满意的机会比率是学生干部的1.247倍，印证了前文差异分析及相关分析的结果。从生源地来看，在其他条件相同的情况下，来自农村的学生对住宿管理服务表示满意的机会比率是来自直辖市和省会城市的学生的1.205倍。如前文差异分析所述，农村大学生由于入学前物质条件所限，对城镇学生所诟病的大学住宿条件，表现出了较强的适应性和包容度。从是否为独生子女来看，在其他条件相同的情况下，非独生子女家庭的学生对住宿硬件条件表示满意的机会比率是独生子女家庭学生的1.575倍。如前文差异分析所述，独生子女家庭的学生在生活物质条件上相对优越，进入大学校园后对住宿环境的要求会更高，因而表现出较低的住宿满意度。从学生个人的毕业期望来看，在其他条件相同的情况下，毕业后打算就业或创业的学生对住宿环境表示满意的可能性比毕业后无明确打算的学生明显更高。毕业后打算就业或创业的学生对住宿硬件条件表示满意的机会比率是毕业后无明确打算学生的1.262倍，对住宿管理服务表示满意的机会比率是毕业后无明确打算学生的1.259倍，印证了前文差异分析的结果。从课内外活动参与来看，在其他条件相同的情况下，无论是课业学习参与还是课外活动参与，参与频率越高的学生对住宿环境表示满意的可能性就越大，印证了阿斯汀“参与越多，满意越多，收获越多”的学生参与理论假说。从校园人际互动来看，在其他条件相同的情况下，与教师互动频率越高的学生对住宿管理服务表示满意的可能性越大。这也印证了国内外已有研究结论，即学生与教师的积极互动会提高学生的就读满意度。

综上所述，决定学生住宿满意度的影响因素包括：学生性别、所处年级、学业成绩、学生干部经历、生源地、是否为独生子女、个人毕业期望等学生背景特征，以及就读期间的课内外活动参与和校园人际互动。这一回归分析结果在较大程度上再次印证了上述差异分析、相关分析结果。由此，“学生住宿满意度影响因素包括学生背景特征、学生课内外活动参与以及校园人际互动”这一研究假设得到了验证。

五、研究结论与建议

本文在回顾大学生住宿管理相关研究的基础上，利用一所案例高校的问卷调查数据，对大学生校园住宿环境满意度的现状、差异及影响因素展开了具体的实证分析。综合统计分析、计量回归分析结果，得出以下研究结论。

样本大学生的住宿满意度尤其是对住宿硬件条件的满意度偏低。不同背景学生住宿满意度存在显著性差异，相对而言，男生、高年级学生、理科学生、学业成绩中等的学生、未担任过学生干部的普通学生、来自农村的学生、非独生子女家庭的学生、毕业后打算就业或创业的学生，住宿满意度更高。此外，学生课内外活动参与与他们的住宿满意度存在显著的正相关，参与度越高，住宿满意度越高。大学生住宿满意度的影响因素包括：性别、年级、学业成绩、学生干部经历、生源地、是否为独生子女、个人毕业期望等学生背景特征，以及就读期间的课内外活动参与和校园人际互动，其中性别因素最明显。从对住宿环境表示满意的可能性来看，相较而言，男生高于女生，四年级学生高于一年级学生，成绩排名靠前的学生高于成绩排名靠后的学生，未担任过学生干部的普通学生高于学生干部，来自农村的学生高于来自省会和直辖市的学生，非独生子女家庭的学生高于独生子女家庭的学生，毕业后打算就业或创业的学生高于毕业后无明确打算的学生，课内外活动参与度高的学生高于参与度低的学生，与教师互动频率高的学生高于互动频率低的学生。本研究中，差异分析、相关分析与计量回归分析的结果基本一致，也印证了国外已有的一些研究共识。

上述研究结论引发我们进一步思考：如何提升大学生对校园住宿环境的满意度？如何发挥校园住宿的育人功能，从而促进学生的全人发展？校园住宿管理的专业化是根本途径。美国大学住宿管理的相关研究与实践都表明，专业化的住宿管理对提高学生课内外活动参与度、提升住宿满意度以及学习收获度都有不同程度的积极影响。那么，在当前我国高等教育情境下，如何促进校园住宿管理的专业化？首要也是比较有效的措施就是促进住宿管理人员的专业化。在美国高校学生事务管理的各功能领域中，住宿管理的从业人员（resident assistant or resident advisor）数量最多，与学生的日常生活接触也最紧密。他们接受过专业化的职前教育和职后培训，能够按照学生个体和群体的需求，遵循甚至是创建相应的学生发展理论，与学生、教师以及其他管理者共同参与设计、建设住宿环境，为学生创设有意义的活动项目，对学生的学习过程与结果产生积极影响。因此，我国高校住宿管理应尽快开启人员专业化的进程，从职前教育和职后培训等多个方面，打造一支具备专业化水平的住宿管理人员队伍。专业化的住宿管理人员不仅能够及时、有效应对学生住宿生活中的各种实际问题，还要具备科学研究的素养，能够研究和评估学生对住宿环境的需求和满意度，以及住宿生活对学生发展的真实影响。然后依据评估研究结果，提供细分、有效的服务，提高不同学生群体的住宿满意度和学习收获度。只有这样，我国高校才能在改进校园住宿硬件条件的同时，为学生持续提供专业化的住宿管理服务，发挥住宿管理应有的育人功能。

第七章

结论与建议

>> 本书运用案例高校的微观调查数据，对当代大学生的校园参与、发展与满意度进行了深入系统的实证研究。

本章在全书实证分析结果的基础上，得出了以下主要研究结论。

1. 大学生校园参与行为及其影响因素

大学生在科研活动、志愿活动中的整体参与度偏低，反映了当前大学生群体在重要的学术性及社会性活动中的投入度偏低，参与的持续性和深入度不够。究其原因，一方面，学生缺乏参与的兴趣与能力，另一方面，学校对相关科研及志愿活动的组织管理不力。无论是学术性的科研参与，还是社会性的志愿活动参与，均存在“精英实践”现象，即科研活动、志愿活动参与的主体集中在学业成绩更优秀以及社会活动经历更丰富的“精英”学生群体。这也折射出学生进入大学之后呈现的两极分化现象，忙的越忙，优秀的更加优秀。

影响大学生校园参与行为的主要因素包括：性别、年级、专业、学业成绩、学生干部经历、个人毕业期望、校园人际互动以及参与活动的动机等。相较而言，在科研活动中参与度更高的是男生、高年级学生、理科学生、学业成绩好的学生、担任过学生干部的学生以及毕业后打算读研的学生。在志愿活动中参与度更高的是女生、低年级学生、文科学生、学业成绩好的学生、担任过学生干部的学生、人际互动频率高的学生、秉持利他及自我发展等参与动机的学生。

2. 大学生校园参与行为与其个体发展之间的关联性

大学生参与科研活动、志愿活动，对其个体发展有显著的积极影响，科研及志愿活动参与效能十分明显。具体而言，大学生参与科研活动对个体认知水平及社会性能力的发展均有明显帮助。学生越多地参与科研活动，越能体会到自身认知水平及社会性能力的提升。相较而言，在参与科研活动的过程中，学生最能感受到自己的思维及语言能力的发展，其次是元认知能力的发展，最后是自我认识能力的发展。在传统上，人们认为，学生参与科研活动首先应该是提升其认知水平，本研究再次验证了这一传统认识。除此之外，学生参与科研活动对提升自我认识能力也有帮助，而大学生在就读期间最核心的发展任务就是认识自我、了解自我、建立自我认同。所以，本研究实证分析结果也促使我们重新思考和评估学生科研参与的价值、功能。从志愿活动参与来看，在志愿活动中担任任务角色、在志愿活动后进行反思交流对学生道德发展具有促进作用。这一结论与国外服务性学习的多数研究结果相一致。这也说明作为大学生校园生活特别是校外社会实践的重要组成部分，志愿服务活动具有不可替代的育人功能，是高校教育工作者值得重视并有效运用的德育途径。

大学生参与科研活动对个体发展的影响在不同年级、不同学生干部经历、持不同毕业期望的学生之间存在显著差异，在不同性别、不同专业、不同学业成绩排名的学生之间不存在显著差异。具体而言，相对于毕业后计划读研的学生群体，毕业后打算就业或创业的学生群体从科研参与中更为明显地感受到自身思维及语言能力的提升。相对于四年级学生，二年级学生从科研参与中更为明显地感受到自身元认知能力的提升。相对于未担任过学生干部的学生，担任过学生干部的学生从科研参与中更为明显地感受到自身社交、情绪管理能力的提升。而大学生参与志愿活动对其道德发展的积极影响在不同学生群体之间并不存在显著性差异。

3. 大学生发展水平及其满意度的现状与影响因素

大学生精神性发展水平整体为中等，大学生对自我精神性成熟度的认知较为清晰，但仍有提升空间。影响大学生精神性水平的主要因素包括：性别、学业成绩、学生干部经历、毕业期望、与教师的互动以及课外活动参与等。相较而言，精神性水平更高的是女生，学业成绩好的学生，担任过学生干部的学生，毕业后打算读研的学生，与教师互动交流多的学生，更多参与社团、娱乐、体育锻炼、勤工俭学等课外活动的学生。

大学生的住宿满意度尤其是对住宿硬件条件的满意度整体偏低。影响大学生住宿满意度的主要因素包括：性别、年级、学业成绩、学生干部经历、生源地、是否为独生子女、个人毕业期望等学生背景特征，以及就读期间的课内外活动参与和校园人际互动，其中性别因素最明显。相较而言，住宿满意度更高的是男生、高年级学生、学业成绩好的学生、未担任过学生干部的普通学生、来自农村的学生、非独生子女家庭的学生、毕业后打算就业或创业的学生、课内外活动参与度高的学生以及与教师互动频率高的学生。

上述研究结论表明，大学生的自身发展是建立在校园参与基础上的，学生在就读期间参与课内外活动，特别是一些重要的学术性和社会性活动的数量、质量与他们的个体发展紧密相连；大学四年，学生在有意义的活动中投入的时间和精力越多，他们从大学经历中所得到的收获就越大。本研究结论再次印证了学生参与理论的基本假设。同时，本研究也发现当前大学生整体的校园参与度偏低，而且校园参与的效能在不同学生群体中存在差异，学生之间的个体发展及满意度水平参差不齐。

那么，如何提高大学生在有意义的活动中的参与度和收获度？如何帮助他们构建丰富而又高质量的就读经验？如何为他们的成长提供支持性的学习环境？对学生而言，什么样的大学经历才是富有价值和意义的？这些问题是后大众化时代我国高校每一个教育工作者都无法回避的重要课题。因为能否提高学生在有意义的活动中的参与度和收获度，能否为学生创设支持性的学习环境、帮助他们顺利度过有意义的大学四年，是每一个高校教育工作者评估自身工作价值的最重要指标。为回应这些问题，结合上述研究结论，本研究尝试提出以下政策建议。

首先，拓宽大学生校园参与的覆盖范围，提高学生在有意义活动中的整体参与度。所谓有意义的校园活动，是指学生参与其中能够切切实实收获认知及非认知层面的成长的活动，可以是形式多样的各种课内外学术性或社会性活动，例如本书所涉及的科研活动和志愿活动；而参与度既包括参与的数量，也包括参与的质量。本书通过实证研究发现，校园参与行为在大学生群体内部有一定的分化，校园参与的主体是学业成绩更优秀以及社会活动经历更丰富的“精英”学生群体。如果要实现对大学生群体的全员全人教育，就必须鼓励、吸引更多学生积极参与到有意义的校园活动中。从公民教育以及创新型人才培养需求来看，大学生参与群体势必从“精英”过渡到“大众”，并最终达到普及化程度，而且普及化的层次最终也会从学生层面上升到学校层面。那么，具体到一所学校，如何激发学生的参与兴趣，提高学生在有意义活动中的整体参与度？根本上要解决两个“不足”，即学生参与动机不足和教师指导学生参与的动力不足。无论一所大学的科研经费多么充足，研究成果多么丰硕，综合排名多么傲人，如果不解决这两个“不足”，学生和教师都无法真正参与到有意义的校园活动中来，学校就不可能很好履行“育人”职责。而相对于科学研究、社会服务，促进学生发展才是高等教育最基本的职能，也是高等教育的根本目的。为此，在高校教师评价体系中，需要增加教师指导学生参与重要活动的权重，并给予教师相应的鼓励措施和待遇。此外，还需要建立完善的学生参与信息系统，目前高校的学生信息体系主要是学生课业成绩信息，除此之外，还需要增加学生在专业学习、科研参与、志愿活动参与、体育活动参与、住宿情况、人际交往、与师生互动、社团参与等方面的信息。丰富、完善的学生参与信息系统有助于教师和学生事务管理者及时了解学生各方面活动的参与情况，从而携手合作，在课堂内外，为大学生校园参与提供专业化、人性化的教育和管理服务。什么样的管理制度反映什么样的办学理念，如果大学的办学目标脱离学生的全人发展，如果高等教育政策制定的出发点不是学生发展，那么，指望高等教育工作者突破制度约束，解决上述两个“不足”，几乎不可能实现。从这个意义上说，切实提高大学生在有意义活动中的整体参与程度，任重而道远。

其次，推进大学生校园参与的质量评估，特别是学生参与对其自身发展的效能评估。所谓效能评估，是指大学生参与有意义的校园活动对其个体发展影响的评估。以科研参与为例，本书通过实证研究发现，大学生科研参与效能是十分明显的，但在不同群体之间的差异也是显著的。科研活动的参与度不等于收获度，即使有了收获也不一定是均衡的、最大化的。高等教育工作者应在提升学生科研参与度的同时，更为注重对科研活动的效能进行评估。从评估结果中可以了解到，对特定的学生群体而言，什么样的科研活动形式是最适合的，投入多少时间、精力是最有效率的，教师提供怎样的个性化深度指导是最贴切的。如果说提高学生科研活动参与度是一个数量问题，要突破的是制度的约束，那么，提升学生在科研活动中的收获度，增强科研活动对学生发展的影响力则是一个质量问题，要突破的是技术障碍。目前，我国高校在学生科研监督机制和评估研究上的缺失已经不可避免地带来了一些问题，诸如大学生科研行为功利主义和形式主义色彩较浓，科研经费的使用效率较低，学生从科研参与中得到的收获较少等。未来，无论是科学研究层面，还是政策和实践层面，我国高等教育界都亟须对大学生校园参与质量的评估，特别是学生参与对其自身发展的效能评估，从而有针对性地提高不同学生群体在校园活动中的收获度。

最后，培育学生全新的价值观与积极的人生态度，帮助学生顺利度过富有价值和意义的大学四年。在人生中的“关键四年”，大学生应该如何度过？高校教育工作者应该如何创设支持性的学习环境，帮助他们顺利度过大学四年？行文至此，思考与答案也越来越清晰：积极参与课内外有意义的学术性或社会性活动，切实收获个体各方面的发展。这一点无论是对大学生还是高校教育工作者都不难理解，但是要全面、深入理解“学生发展”的真正内核却并不容易。也正因为如此，在实际校园生活中，究竟如何提高大学生的参与度和收获度，除了上述技术与制度层面的障碍之外，在观念层面，学生自身与高校教育工作者还存在着一定的困惑。从学生参与理论与全人发展理念来看，大学生在就读期间的个体发展是多方面的，不能仅用学生成绩好坏、学位获得与否、就业及收入水平高低来衡量，更应该包括学生的满意度、态度、精神性、价值观等方面。换言之，高等教育最重要的产出不是学业成绩、就业结果等“硬通货”，而是学生全新的价值观和积极的人生态度。这才是“学生发展”的真正内核，才是高等教育的“软实力”与使命所在，因为人与人最根本的差别就是价值观和态度的差别。大学对学生的影响力，不仅要看当下，更要关注未来。所谓“关键四年”，是指大学经历对学生未来的职业生活与家庭生活甚至整个一生都起到关键性的指引作用。那么，对学生而言，什么样的大学经历才是富有价值和意义的？答曰：拥有全新价值观与积极人生态度的大学经历才是富有价值和意义的。那么，高校教育工作者应如何培育学生全新的价值观与积极的人生态度？第一，为学生创设支持性的学习环境，让他们在不同情境下、在与不同人群的互动中逐渐了解和认识自己，进而逐步了解他人与社会。引导学生在参与各种有意义的活动的过程中，不断总结和反思，对自身的发展以及当下所受的教育逐步形成新的认识与判断，直至更清晰地理解人的发展与生命的本质。第二，在学生了解自己、理解生命本质的基础上，帮助学生确立全人、自由、差异、平等、博爱等正确的新价值观。这些价值观的本质是如何正确地看待人。第三，在全新价值观的基础上，帮助学生形成积极的人生态度，建构他们自己的积极心理学，在他们的心中嵌入一台马力十足的“正能量发动机”，从而使他们更从容地应对当下以及未来生活中遇到的困难和挑战。当然，培育学生全新价值观与积极人生态度的前提是，高校教育工作者自己拥有上述正确的价值观和积极的人生态度，而且这是在指导学生参与有意义的活动中潜移默化地进行的，是春风化雨式的而非单纯说教的。

本书对大学生校园参与、发展与满意度进行了深入系统的实证研究，为描绘和解释当代中国大学生群体发展规律及特点，构建我国本土化大学生发展理论体系，贡献一点儿绵薄之力。然而，在具体实证研究中，还存在着以下局限与不足。

不同于大样本调查研究，本研究实证分析数据主要来自北京、上海少数几所案例高校的微观调查。因此，研究结论只局限于样本学校，无法推广至其他地区、其他类型院校。

本研究调查工具是研究者在借鉴国内外权威问卷的基础上自编的调查问卷，且问卷题目多为自陈式，对一些核心变量如“参与”“发展”“满意度”的测量主要基于样本学生的自我报告。而自陈式量表的前提是被调查者最了解自己并能如实报告自身情况，因此，就测量效度而言，自陈式量表不及标准化测验。但是，高等教育不同于基础教育，不同专业的学生四年学习经历和收获存在较大差异，虽然国外有少数调查采用标准测试型工具，希望通过标准化测验直接评估大学生参与及发展状况，但截至目前，绝大多数调查工具依然采用学生自陈式量表的形式。

由于条件和资源所限，本研究调查数据均为横截面数据，纵向调查、时序资料的缺失在一定程度上影响了实证分析的宽度与深度。因此，未来的研究应尽可能具有时序性和伸展性。由于数据资料以及研究者水平的限制，关于大学生校园参与对其个体发展的具体影响过程和机制，本研究还缺乏更为深入的探究。未来需要更生态、更深入、更多范式的实证研究。

反思研究不足，是为了未来有更好的研究，期待同行们在这一领域奉献更多、更高质量的研究。

参考文献

一、中文部分

1. 鲍威. 扩招后中国高校学生的学习行为特征分析 [J]. 清华大学教育研究，2009（2）：78-87.
2. 鲍威. 未完成的转型：普及化阶段首都高等教育的人才培养与学生发展 [J]. 北京大学教育评论，2010（1）：27-44.
3. 海迪·罗斯，罗燕，岑逾豪. 清华大学和美国大学在学习过程指标上的比较：一种高等教育质量观 [J]. 清华大学教育研究，2008（4）：36-42.
4. 韩晶. 当代大学生参与志愿服务的障碍研究 [J]. 青年研究，2003（1）：45-49.
5. 金耀基. 大学之理念 [M]. 北京：生活·读书·新知三联书店，2001：10.
6. 克里斯汀·仁，学生发展理论在学生事务管理中的应用 [J]. 李康，译. 高等教育研究，2008（3）：19-27.
7. 李国武. 大学生对志愿活动的参与及影响因素：来自某高校抽样调查的发现 [J]. 北京青年政治学院学报，2010（3）：11-18.
8. 李湘萍，马娜，洪成文. 美国大学生寄宿管理：历程、价值及发展趋势研究 [J]. 中国高等教育，2012（1）.
9. 李湘萍，马娜，梁显平. 美国大学生学习评估工具分析和比较 [J]. 现代大学教育，2012（1）：30-35.
10. 李正，林凤. 美国本科生科研的评估机制 [J]. 中国高等教育，2009（19）：60-61.

11. 李正，林凤，卢开聪. 美国本科生科研及对我国的启示 [J]. 高等工程教育研究，2009（3）：79-85.

12. 梁恒豪. 大学生精神性的影响因素及其同心理健康的关系 [D]. 金华：浙江师范大学，2006.

13. 刘宝存. 美国研究型大学本科生科研的基本类型与模式 [J]. 教育发展研究，2004（11）：93-95.

14. 刘瑶. 大学生的精神性：概念、结构与测量 [D]. 金华：浙江师范大学，2007.

15. 卢晓东. 本科教育的重要组成部分：伯克利加州大学本科生科研 [J]. 高等理科教育，2000（5）：67-74.

16. 罗燕，海蒂·罗斯，岑逾豪. 国际比较视野中的高等教育测量——NSSE-China工具的开发：文化适应与信度、效度报告 [J]. 复旦教育论坛，2009（5）：12-18.

17. 内尔·诺丁斯. 学会关心：教育的另一种模式 [M].于天龙，译. 北京：教育科学出版社. 2003：106-111.

18. 宋兴川，等. 大学生精神信仰与心理健康的关系 [J]. 中国心理卫生杂志，2004.

19. 宋兴川，金盛华. 不同年级和专业大学生精神信仰的研究 [J]. 心理发展与教育，2006.

20. 宋兴川，等. 汉藏大学生精神信仰的跨文化比较 [J]. 青海民族学院学报（社会科学版），2008.

21. 孙汭睿，丁小浩. 大学生课外参与与投入的适度性研究 [J]. 大学教育科学，2010（6）：53-61.

22. 王泓，邓清华. 大学生志愿服务活动：参与状况与长效机制的构建——基于全国性大型问卷调查的思考 [J]. 中国青年研究，2012（8）：46-50.

23. 吴明隆. 结构方程模型：AMOS的操作与应用 [M]. 重庆：重庆大学出版

社，2009：1-7.

24. 周廷勇，周作宇. 关于大学师生交往状况的实证研究 [J]. 高等教育研究，2005（3）：79-84.

25. 周作宇，周廷勇. 大学生就读经验：评价高等教育质量的一个新视角 [J]. 大学・研究与评价，2007（1）：27-31.

26. 朱红. 个性化深度辅导与首都大学生发展的实证分析 [J]. 北京大学教育评论，2010（1）：45-62.

27. 朱红. 高校学生参与度及其成长的影响机制：十年首都大学生发展数据分析 [J]. 清华大学教育研究，2010（6）：35-43.

28. 朱红，文东茅，许锐. 高校师生交流的生态学实证分析 [J]. 教育学术月刊，2011（2）：23-28.

二、英文部分

29. ASTIN A W. Four critical years:effects of college on beliefs,attitudes and knowledge [M]. San Francisco:Jossey-Bass,1977.

30. ASTIN A W. Student involvement:a developmental theory for higher education [J]. Journal of College Student Personnel,1984,25:297-308.

31. ASTIN A W,LINDA J S. How undergraduates are affected by service participation [J]. Journal of College Student Development,1998,39(3):251-263.

32. ASTIN A W,SAX L J,AVALOS J. Long-term effects of volunteerism during the undergraduate years [J]. Review of Higher Education,1999,22(2):187-202.

33. ASTIN A W,et al. How service learning affects students [R]. Higher Education Research Institute,UCLA,2000.

34. ASTIN A W,et al. Cultivating the spirit: how college can enhance students' inner lives [M]. San Francisco:Jossey-Bass,2011.

35. ASTIN A W,et al. Assessing students' spiritual and religious qualities [J]. Journal of College Student Development,2011.

36. BOSS J A. The effect of community service on the moral development of college ethics students [J]. Journal of Moral Development,1994,23(2): 183-198.

37. BRYANT A N. Gender differences in spiritual development during the college years [J]. Sex Roles,2007.

38. CHICKERING A W,REISSER L. Education and identity [M]. 2nd ed. San Francisco:Jossey-Bass,1993.

39. CHRIS C,et al. Cross-discipline perceptions of the undergraduate research experience [J]. The Journal of Higher Education,2011,1:93-113.

40. COHEN J. Statistical power analysis for the behavioral sciences [M]. 2nd ed. Hillsdale,NJ:Erlbaum,1988.

41. CRAM S B. The impact of service learning on moral development and self-esteem of community college ethics students,unpublished dissertation,University of Iowa,1998.

42. DAVID J H. Undergraduate research experience as preparation for graduate school [J]. The American Sociologist,1990,21(2):179-188.

43. DAVIS D S,GLAZIER D. How do we evaluate undergraduate research? [J]. Council on Undergraduate Research Quarterly,1997,18:73-76.

44. MCCOY E,LI Yan,et al. Contributors to student satisfaction with special program(fresh start)residence halls [J]. Journal of College Student Development,2005.

45. ERNEST T P. College environmental influences on learning and

cognitive development:a critical review and synthesis [M]. In Smart,J. (Ed.), Higher education:handbook of theory and research(Vol. 1). New York: Agathon,1985:1-64.

46. ERNEST T P,PATRICK T T. How college affects students:Volume 2 [M]. San Francisco:Jossey-Bass,2005.

47. FENZEL L M,LEARY T P. Evaluating outcomes of service-learning courses at a parochial college [C]. Paper presented at the Annual Meeting of the American Educational Research Association, Chicago, IL,1997.

48. GENIA V. The spiritual experience index:revision and reformulation [R]. Religious Research Association,1997.

49. GEORGE D K,HU Shouping. Learning productivity at research universities [J]. The Journal of Higher Education,2001,72(1):1-28.

50. GEORG L. An introduction to the Moral Judgment Test (MJT),University of Konstanz,Germany,1999.

51. GORMAN M. Service experience and the moral development of college students [J]. Religious Education,1994,89(3).

52. GREENE D P. Moral reasoning,student development,reciprocity and quality of life in a service learning experiment,unpublished dissertation, Colorado State University,1996.

53. BLIMLING V G. The resident assistant [M]. the United States:Kendal/ Hunt Publishing Company,1995.

54. HOLT J,MAHWALD B,DEVORE C. What helps students of color succeed? Resiliency factors for students enrolled in multicultural educators programs [DB/OL]. Retrieved from ERIC database,2002.

55. HUNTER A B,LAURSEN S L,SEYMOUR E. Becoming a scientist:the role of undergraduate research in students' cognitive,personal,and

professional development [J]. Science Education,2007,91:36-74.

56. EYLER J S,GILES D E,Jr,STENSON C M,et al. At a glance:what we know about the effects of service-learning on college students,faculty, institutions and communities,1993-2000:Third Edition [J]. Vanderbilt University,2001:109.

57. SMART J C. Higher education:handbook of theory and research:Volume XIX [M]. Dordrecht,Boston,London:Kluwer Academic Publishers,2004.

58. KAREN W,et al. Impact of college environments on the spiritual development of African American students [J]. Journal of College Student Development,2013.

59. KUH G D. Spirituality,liberal learning and college student engagement [J]. Liberal Education,2006.

60. LINDA J S,ALYSSA N B,CASANDRA E H. The differential effects of student-faculty interaction on college outcomes for women and men [J]. Journal of College Student Development,2005,46(6):642-659.

61. LOVE P G. Defining spiritual development:a missing consideration for student affairs [J]. NASPA Journal,2009.

62. MACDONALD D A. Spirituality:description,measurement,and relation to the five factor model [J]. Journal of Personality,2000.

63. MILLER E D. The development and validation of a new measure of spirituality [J]. North American Journal of Psychology,2004.

64. NANCY J E,et al. Student development in college:theory,research,and practice [M]. San Francisco:Jossey-Bass,1998.

65. KING P M,MAYHEW M J. Moral judgment development in higher Education:insights from the defining issues test [J]. Journal of Moral Education,2002,31(3).

66. PEPPAS N A. Student preparation for graduate school through undergraduate research [J]. Chemical Engineering Education, 1981, 15(2): 135-137.

67. ALEXANDRA P T. Enhancing classrooms and conversations how interactions with faculty predict change in students spirituality in college [D]. University of California, Los Angeles, 2013.

68. PIEDLMONT R L. Does spirituality represent the sixth factor of personality? Spiritual transcendence and the five-factor model [J]. Journal of Personality, 1999.

69. REYES G. Spirituality and religiosity: their relation to academic achievement of undergraduate college students [D]. Northern Arizona University, 2006.

70. SETHNESS R, et al. Cardiac health relationships among hostility, spirituality, and health risk [J]. Journal of Nursing Care Quality, 2005.

71. HU Shouping, GEORGE D K, JOY G G. Engaging undergraduate students in research activities: are research universities doing a better job? [J]. Innovative Higher Education, 2007, 32: 167-177.

72. HU Shouping, KATHYRINE S, JOY G G. The influences of faculty on undergraduate student participation in research and creative activities [J]. Innovative Higher Education, 2009, 34: 173-183.

73. HU Shouping. Scholarship awards, college choice, and student engagement in college activities: a study of high-achieving low-income students of color [J]. Journal of College Student Development, 2010, 51: 150-161.

74. The Boyer Commission on Educating Undergraduate in the Research University. Reinventing undergraduate education: a blueprint for America's research universities [EB/OL]. Retrieved from http://naples.cc.sunysb.edu/pres/boyer.nsf/file/boyer. Pdf, 1998.

75. UNDERWOOD L G. The daily spiritual experience scale:development, theoretical description,reliability,exploratory factor analysis,and preliminary construct validity using health-related data [R]. Society of Behavioral Medicine,2002.

76. WEIDMAN J. Undergraduate socialization:a conceptual approach [M]. In Smart,J.(Ed.),Higher education:Handbook of theory and research(Vol.5). New York:Agathon,1989:289-322.

77. WERTZ R D,et al. A report of the perceptions of students regarding the residence halls at the University of South Carolina [R]. U.S. Department of Health,Education&Welfare,Office of Education,1976.

78. WHEAT L W. Development of a scale for the measurement of human spirituality [D]. University of Maryland,1991.

79. WILFRED W F,et al. The relationship between spirituality and quality of life among university students:an autoregressive cross-lagged panel analysis [J]. Higher Education,2015.

80. WINTEROWD C,et al. The relationship of spiritual beliefs and involvement with the experience of anger and stress in college students [J]. Journal of College Student Development,2005.

致谢

本书是过去八年来我在学习、工作与生活上不断探索、思考的结晶。

八年前，因工作需要，我开始接触并初步进入一个对我而言全新的研究领域——高校学生发展与学生事务管理。那时的我还只是博士毕业后进入高校工作才两三年的小“青椒（教）”。在原先的专业领域内且还需要好好积累呢，突然之间来到一个全新的领域，最开始的日子里，巨大的压力和焦虑真是如影随形。怎么办呢？从零开始准备吧。我找来这个领域内最有影响的国内外文献细细阅读，跟随心理系的本科生和研究生一起系统学习相关课程。在厚厚的阅读思考笔记与听课笔记的基础上，再花费一年多的时间，备下了我在该领域为本科生和研究生上的第一门课“高校学生事务管理”。学生们的认可赋予我极大的欣慰与勇气。之后我又花费一年时间，在与国外同行合作与学习的基础上，为国际硕士提供全英文课程“大学生发展理论”（College Student Development Theory），留学生们对课程的喜爱再次给予我信心。现在想来，自己确实非常幸运，当我在这个新的领域有了初步的教与学的积累时，我所在的机构、我的同事们就为我提供了宝贵的课题参与机会，对北京、上海等地高校本科生的调研为我提供了丰富的数据资料，使得我和我的研究生们得以开展一系列关于大学生参与、发展与满意度的实证研究。

八年前，我刚刚涉入这片新领域时，也是我初为人母的时候，在琐碎辛苦的育儿过程中，我也深深体会到陪伴一个小生命成长所带来的喜乐。渐渐地也是非常自然地，我开始迷恋人的成长，迷恋女儿的成长，迷恋我的学生的成长，迷恋校园里处在青葱岁月中的大学生们的成长。如何帮助处在最美年华里的他们顺利度过大学四年这一段激情燃烧的岁月？如何引导他们经历富有价值和意义的“关键四年”？这些问题在我的脑海中挥之不去，内心涌动出的一个声音越来越清晰：我可以做些什么？我可以为这些大学生做些什么？我想起了入职之初自己担任本科生班主任那一段愉快而难忘的经历，我庆幸自己刚刚接触的这个新领域与大学生的成长如此紧密相连，我立志以最饱满的热情和最持久的专注投入大学生发展领域的教学与研究中，来诠释与慰藉我那颗“迷恋大学生的成长”之心。

对大学生而言，什么样的大学经历才是富有价值和意义的？这本书通过系列实证研究给出了一个初步答案：积极参与课内外有意义的学术性或社会性活动，最大程度地提升自己，特别是要形成全新的价值观与积极的人生态度。但是，在这些年的教学、研究与管理实践中，我能清晰地感受到有相当比例的大学生，在他们的“关键四年”中，看似很忙，实则很“茫”——茫然、迷茫。而我们的高校教育工作者更多地在关注学生的学业、就业结果，可是，大学不只是知识储备、职业准备的场所，大学四年首先是一段很重要的生活阅历、成长经历，也往往是个体通过不断“试错”、反思，发现自我、发现生命本质的阶段。有研究表明，所有对学生产生深远影响的重要具体事件，有80%发生在课堂之外，而我们的大学校园里仍然存在着“教书不育人、育人不教书”的现象。在大学生的“关键四年”里，他们着实缺乏来自学校的有组织、专业化的课外指导。作为高校教育工作者，我们需要不断反思：如果我们不去努力提高学生在有意义的活动中的参与度和收获度，如果我们不能真心为学生创设支持性的学习环境，帮助他们顺利度过有意义的大学四年，即便拥有再多炫目的工作成果，我们都是失职的，都是需要接受公众问责的。因为为了每一个学生的全人发展是高校每一个教育工作者应有的情怀和使命感。未来，为了让更多的大学生度过更有价值和意义的“关键四年”，本土化的大学生发展理论、系统扎实的实证研究以及专业化的高校学生事务管理团队缺一不可。

回首过往的八年，回望来时的路，并非一帆风顺，有过痛苦与彷徨，幸运的是我的同事、学生、师长和亲友一直给予我支持与温暖，让我得以坚持下来，并感受到工作与生活的充实和快乐。感谢高等教育研究所亲爱的同事们，是你们的指引与包容，让我能在一个温暖又宽松的氛围里像一只蜗牛一样慢慢前行。感谢我可爱的学生们，你们青春洋溢的热情与才华一次次地感染我、启发我，赐予我源源不断的灵感。感谢梁显平同学在本书第四章、蔡玫同学在本书第五章中给予的合作与支持。感谢引领我走上学问之路的敬爱的师长们，是你们的谆谆教诲带给我前行的勇气。感谢我的亲友和家人，是你们恒久深沉的爱，温暖滋养着我，让我感受到生活的幸福与生命的美好，也让我不敢懈怠、砥砺前行，激励着我在工作与生活中，继续点燃自己，点燃他人，做一个让自己快乐也带给身边人快乐的人。唯其如此，爱与智慧才会不断传承下去、传播开来。

李湘萍

2017 年 7 月于北京师范大学